していけば、大きな利益を上げることができます。

　ただし、知識は、富を得るという明確な目標に向けて体系化し、活用しなければ、富の蓄積には結び付きません。単に知識があれば不動産投資で成功するというのであれば、多くの弁護士が不動産投資で成功するはずですが、現実にはそうなっていません（笑い話にもなりませんが、総額1,000億円以上、被害者700人超と言われるかぼちゃの馬車事件では、大手企業に勤める会社員や医師のほか、弁護士も多数被害に遭ったそうです）。

　そこで、本書籍では、不動産投資に必要な法的知識の解説のみならず、それをどのように不動産投資で活用していくのかを明確に示すことで、不動産投資で資産を拡大する不動産オーナーの方や投資家の方々に再現性のある助言をしていきます。また、彼らにアドバイスをするコンサルタントや士業の先生方が、顧客の不動産投資についても良きアドバイスをしていただけるよう、その一助となることを目指しています。

　そして、巻末の付録として、私が普段使用している建物賃貸借契約書のひな形（商業ビル用）を用意しました。この契約書は、よくある主要事項のみの契約書のひな形ではなく、貸しビル業をするうえで、実際に問題となる事項を細かく規定したものであり、商業ビルのオーナーの方がそのまま使える内容となっています。また、本書で紹介するバリューアップやリスクマネジメントの特約が必要な範囲で盛り込まれていますので、ぜひ参考にしてください（なお、ひな形は本文中で勧めている定期借家契約ではなく、普通借家契約です）。

# はじめに

「分散投資は無知に対するヘッジだ。自分で何をや〔っているか〕分かっている者にとって、分散投資はほとんど意味〔がない〕」

何をすれば儲かるのか分かっているのであれば、〔集中して〕やるのが一番儲かるということです。

世界一の投資家であるウォーレン・バフェット氏〔は、株式投〕資で世界有数の大富豪になりました。バフェット氏〔は、企業〕の事業価値と株価に大きな差があるときに集中投資〔し、優〕良な企業の株式を長期保有することで巨万の富を築〔きました。〕個別の企業にかなりの金額を投資するのですから、〔一般投資〕家の感覚では大きなリスクを感じざるを得ません。〔バフェット〕氏は、並外れた知識と、自信があるからこそ、集〔中投資で成果〕を上げることができたのでしょう。

このことは不動産投資の世界でも同じです。不〔動産投資で実〕積してきた投資家は、本来の価値と価格に乖離が〔ある物件に集〕中して投資を行っています。そして、株式投資と〔異なり、不動〕産投資の場合には、投資した後に、その物件の価〔値をさらに〕引き上げることが可能です。よって、彼らは大き〔な利益を上げ〕ることができるのです。

この点、何をやっているか分かっている状態〔（不動産投資〕に並外れた自信を持つ状態）になるためには、〔不動産の〕法的知識が必須です。不動産にはさまざまな法〔律が絡んで〕います。民法、借地借家法、宅地建物取引業法〔、建築基準法、〕各地の条例、最近では住宅宿泊事業法（民泊新〔法）なども関わっ〕ています。これらの勘所を押さえて、不動産投〔資を〕

最終章では、私が実際に法的知識を活用して不動産投資をして、手前みそながら投資に成功してきた実績も紹介しています。私は不動産投資で何をすれば大きな利益を上げることができるかが分かっていますので、不動産投資以外の投資はやりませんし、不動産投資の中でも同じようなやり方に集中して取り組んでいます。

　分散投資と称して、よく分からないものに投資するのは愚かです。分散投資は無知に対するリスクヘッジに過ぎません。本書が本物の不動産投資の方法論を学ぶ一助となれば幸いです。

2018年　12月　吉日<br>
弁護士法人 Martial Arts<br>
弁護士　堀　鉄平

はじめに　001

# 第1章　総論

## 01　不動産投資の立ち位置を決める　014

(1) 不動産投資の基本スタンス　014
(2) 資産形成の各ステージ　016
(3) 資産拡大に必要な3つの要素　018

## 02　攻めの不動産投資（オポチュニティ型）の検討過程　022

(1) 一般の方の不動産投資の検討過程　022
(2) 開発型不動産投資の検討過程　024
(3) 開発完成時の物件の時価の算定法　025
(4) 土地仕入れ値の目線　029
(5) 金融機関へのヒアリング　030
(6) 買付書面と売渡書面　034
(7) デューデリジェンス　037
(8) 売買契約書　042

# 第2章　法的知識を駆使したオポチュニティ型投資

## 01　容積未消化の古ビル、建替え困難、融資困難な物件　055

(1) 凹みの理由 …………………………………………… 055
(2) 必要な法的知識 ……………………………………… 055
(3) 凹みの戻し方 ………………………………………… 058

## 02　相続トラブルの物件　072

(1) 凹みの理由 …………………………………………… 072
(2) 必要な法的知識 ……………………………………… 076
(3) 凹みの戻し方 ………………………………………… 080

## 03　売主の判断能力に疑義があって、売れ残っている物件　084

(1) 凹みの理由 …………………………………………… 084
(2) 必要な法的知識 ……………………………………… 086
(3) 凹みの戻し方 ………………………………………… 087

## 04　瑕疵担保責任免責物件　090

(1) 凹みの理由 …………………………………………… 090
(2) 必要な法的知識 ……………………………………… 090
(3) 凹みの戻し方 ………………………………………… 093

| 05 | **借地権物件** | 097 |

- (1) 凹みの理由 …………………………………………… 097
- (2) 必要な法的知識 ……………………………………… 099
- (3) 凹みの戻し方 ………………………………………… 115

| 06 | **境界が不明確な土地** | 120 |

- (1) 凹みの理由 …………………………………………… 120
- (2) 必要な法的知識 ……………………………………… 121
- (3) 凹みの戻し方 ………………………………………… 124

| 07 | **心理的瑕疵物件** | 127 |

- (1) 凹みの理由 …………………………………………… 127
- (2) 必要な法的知識 ……………………………………… 128
- (3) 凹みの戻し方 ………………………………………… 129

## 第3章　法的知識を駆使したバリューアッド型投資

| 01 | **バリューアッドの方法論** | 134 |

- (1) バリューアッドの最たるものは開発行為 ………… 134
- (2) その他のバリューアッドの方法論 ………………… 135

| 02 | **賃料収入を増やす** | 138 |

- (1) 貸付面積を増やす …………………………………… 138

- (2) 賃料単価を上げる ……………………………………… 149
- (3) 賃料以外の名目で収入を確保する …………………… 165

### 03　支出を減らす　175

- (1) 修繕費の一部を賃借人負担とする …………………… 175
- (2) 通常損耗に基づく原状回復費用の一部を
  賃借人負担とする ……………………………………… 180
- (3) 賃借人に有益費償還請求権や造作買取請求権を
  行使させない …………………………………………… 185

### 04　本来入るべき賃料が確実に入るようにする　187

- (1) 賃料を減額させない特約を締結する ………………… 187
- (2) 中途解約の場合の違約金を定める、
  もしくは、中途解約させない ………………………… 188

## 第4章　法的知識を駆使したリスクマネジメント

### 01　破産リスク　195

### 02　家賃滞納リスク　200

- (1) 家賃滞納に対するすみやかな賃貸借契約の解除 …… 200
- (2) 明渡しの強制執行 ……………………………………… 201

### 03　免責条項　204

(1) 賃貸目的物の維持・管理行為によって
賃借人の使用収益が制約される場合の免責 ……… 204
(2) 賃貸目的物内のサーバーやパソコン等のデータ・情報等
が滅失した場合における軽過失の免責と賠償額の制限
……………………………………………………………… 205

## 04　迷惑行為に対するヘッジ　　207

(1) 禁止条項に基づく債務不履行解除 ……………… 207
(2) 定期借家契約によるヘッジ ……………………… 211

## 05　無催告解除特約　　213

## 06　法定更新でも更新料確保　　216

(1) 法定更新 ………………………………………… 216
(2) 更新料の請求 …………………………………… 217
(3) 法定更新でも更新料請求 ……………………… 218

## 07　共有トラブルの予防　　220

## 08　資産凍結リスクのヘッジ　　223

## 09　夫婦財産契約　　225

## 10　海外不動産投資　　228

(1) 3つのメリット ………………………………… 228

(2) 節税狙いの成長国投資 …………………………………… 228
(3) 簡易シミュレーション …………………………………… 230

## 第5章　不動産コンサル事例

**01** オポチュニティ型～立退きの段取り
（定借への切替え→代替地および
立退料提供→訴訟提起）　　　236

**02** リスクマネジメント（共有トラブル）
～養育費の死守＝教育資金一括贈与と
不動産信託　　　238

**03** バリューアッド型～顧客の本社ビル売却
（10年間賃借人の入れ替わりなしという
付加価値を与えて価値向上）　　　241

**04** オポチュニティ型
～公売を阻止して、隣地を市から相対で購入　　　243

**05** バリューアッド型
～駐車場の賃料増額で利回り上昇　　　246

**06** バリューアッド型～土地の最有効活用　　　248

| 07 | オポチュニティ型＋バリューアッド型〜ホテルファンドを組成 | 251 |

| 巻末付録 | 建物賃貸借契約書　ひな形 | 255 |

おわりに　　　　　　　　　　　　　　　　　　　276

- コラム❶　不動産投資と他の金融資産との比較 ………… 020
- コラム❷　不動産投資のメリット、デメリット ………… 051
- コラム❸　ラーメン屋による当たり屋行為 ……………… 071
- コラム❹　相対でエンドから買う …………………………… 089
- コラム❺　不動産は生もの …………………………………… 095
- コラム❻　不動産投資はインカム狙いか？キャピタル狙いか？
  ……………………………………………………… 132
- コラム❼　シェアビジネスは供給者側の仕組み ………… 173
- コラム❽　海外不動産投資の是非（新興国投資）……… 191
- コラム❾　誰から買うのか？ ………………………………… 198
- コラム❿　「持ってよし、売ってよし」という投資ポジション
  ……………………………………………………… 233

# 凡　例

本書では、以下の略語を用いています。

1. 法律等
   - **改正民法** ▶ 民法の一部を改正する法律（平成29年法律第44号）による改正後の民法
   - **宅建業法** ▶ 宅地建物取引業法
   - **民泊新法** ▶ 住宅宿泊事業法

2. 判例、判例集
   - **最判** ▶ 最高裁判所判決
   - **地判** ▶ 地方裁判所判決
   - **簡判** ▶ 簡易裁判所判決
   - **民集** ▶ 最高裁判所民事判例集
   - **集民** ▶ 最高裁判所裁判集〔民事〕
   - **民商** ▶ 民商法雑誌
   - **判時** ▶ 判例時報
   - **判タ** ▶ 判例タイムズ

そのほか、一般の慣例によります。

* 本書記載の意見・データについては、考え方の道筋を示すものであり、その正確性・確実性を保証するものではありません。
* 本書記載の内容は、市場環境の変化や法律・会計制度・税制の変更、その他の事情に影響を受けることがあります。

# 第1章

## 総　論

# 01 不動産投資の立ち位置を決める

## (1) 不動産投資の基本スタンス

　不動産投資とは、利益を得る目的でマンションやアパートなどの不動産に投資をすることです。投資した物件を入居希望者に賃貸して賃料収入を得ること（インカムゲイン）や、投資した物件が投資価格よりも値上がりしたときに売却して、売却益を得ること（キャピタルゲイン）を目的としています。

　また、個人の不動産投資の投資対象は、一棟のマンションやアパートが一般的ですが、タワーマンションやワンルームマンション等の区分所有権、不動産投資信託（REIT）や不動産小口化商品（不動産特定共同事業）のように大規模な物件を投資家間で持ち合う形態まで、幅広いです。

　この点、目的と投資対象によってリスクとリターンは変わってきますが、一般に不動産投資はミドルリスク・ミドルリターンの性質を持つと言われています。

　とはいえ、投資家それぞれの置かれた状況により、投資手法はさまざまです。代表的な投資手法とそれによるリスクとリターンの関係を整理してみます。

　まず、**コア型**と呼ばれる投資手法は、優良資産、すなわち、立地、グレード、管理状況などが一定レベル以上の物件に投資する手法です。都心の大型オフィスビルや駅近の新築レジ等です。一般的な個人投資家の投資対象で言えば、築浅で主要駅に近い収益不動産で、利回りは低めの物件です。相応の競争力がある物件に投資しますので、安定したインカムゲインは確保で

きますが、そのような人気のある物件は取得費が割高になりますので、高利回りや大きなキャピタルゲインを得るのは難しく、不動産投資の中ではローリスク・ローリターンの部類に入ると言えます。

次に、**バリューアッド型**と呼ばれる投資手法は、付加価値追求型とも言われます。物件のリニューアル、テナントに対する賃料引上げ、コスト削減、管理の効率性向上等により、物件取得後に物件の価値を高めて、利回りを向上させてそのまま保有したり、あるいは売却してキャピタルゲインを得る投資手法です。コア型に比べると、ミドルリスク・ミドルリターンと言えます。

最後に、**オポチュニティ型**と呼ばれる投資手法は、リスク偏重型とも言われます。何らかの要因により物件が実力よりも低く評価されているときに相場より安く購入し、主に将来の売却によるキャピタルゲインを狙う投資手法です。例えば、バブル崩壊やリーマンショック直後の不動産市況が冷えきり、売主が物件を投げ売りしている時期に、格安で物件を仕入れて、価格が正常に戻った時点で売却する場合等です。権利関係の複雑な土地を安く購入して、整理して売却する場合もこれにあたります。不動産投資の中では、最もハイリスク・ハイリターンと言えるでしょう。

これらをまとめた図解を示します（**図表 1-1**）。

●図表 1-1　代表的投資手法とリスク・リターン●

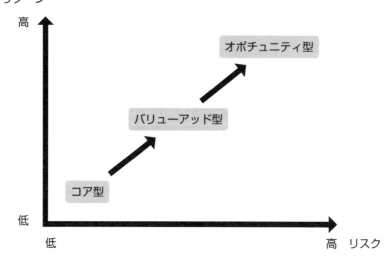

## (2) 資産形成の各ステージ

　では、どのような投資家が、いずれの投資手法をとるべきなのでしょうか。

　資産を守るステージにある人は**コア型**で投資すべきです。例えば、資産家の相続対策は、不動産を活用することで相続税を節税することが主眼となりますので、コア型で保守的に投資することになります。多くの投資家から資金を預かって運用しているREITも、リスクをとることはせず、基本的にはコア型が多いです。

　これに対して、これから資産を拡大していきたいという投資家は、**オポチュニティ型**で投資をして、積極的にリスクをとるべきと言えます。例えば、同じ1億円の投資をする場合でも、NET利回り（実質利回り）4％の物件に投資する場合は、年収400万円のリターンしか得られませんが、一気に資産を拡大さ

せたい方にとっては物足りないと言えます。1億円の物件が将来値上がりして2億円の物件になるような対象に投資をすることで、早期に資産の拡大が見込めます。

**バリューアッド型**については、自己の保有する物件の数量・規模を活かして運営を効率化し、管理費等を削減するケースや、一棟マンションをコンバージョン（建物の用途変更、転用）してホテルサービスを付加し、利回りを上げるケース、築古のオフィスビルを取得してシェアオフィスで運用するケースなど、付加価値を追求できる企業がとるべき手法です。

かく言う私は、弁護士業務の傍ら、2012年〜2018年までの6年間で、総額54億円程度の投資に対して（売却した物件のみを算入しています）、約25億円の売却益を獲得することに成功しました（自社物件の他、私が管理しているファンドの物件も含みます）。これらの投資に対する期間中の自己資金は3億円程度ですので、自己資金利回りは年利139％程度です（25億円÷6年÷3億円）。これは、上記オポチュニティ型とバリューアッド型を組み合わせた投資手法によるものです。要するに、他人が買えない凹みのある物件を買って（**オポチュニティ型**）、その凹みを戻し、付加価値を付けてきたのです（**バリューアッド型**）。

私は、この期間中、資産を拡大することを希望して、積極的にリスクを取って投資してきました。また、バリューアッドできるようにかなりの勉強を重ねたことは間違いありません。

読者の皆様にハイリスク・ハイリターンの投資をお勧めしているわけではありません。大事なことは、自分の目標を設定して、そのためにいかなるスタンスで投資をして、リスクをどこまで許容するのかを決めておくことです。

## (3) 資産の拡大に必要な3つの要素

　これから資産を拡大していきたいというステージの方は、上記投資手法をどのように整理すればよいでしょうか。
　<u>不動産投資で利益を上げるためには、要するに、安く買って、価値を高めればよいわけです。</u>
　安く買うためには、凹みのある物件を買ってきて、その凹みを戻す必要があります。凹みの戻し方を知っていると、安く買うことができます。そして、物件の価値を高めることができれば、物件を買ったときよりも高く売ることもできますし、売らずに物件を持ち続ければ高い利回りを確保することができます。
　したがって、資産拡大には、<u>①安く買う、②価値を高める、の2点が必須</u>ということになります。

　加えて、不動産投資においては、実にさまざまな負のイベントが降りかかります。リーマンショックのような経済や景気の影響、金融引き締めといった政策、賃借人とのトラブルや家賃滞納といった不動産投資特有のリスク等々です。資産を拡大していく過程では、これらのリスクを適切にマネジメントすることが極めて重要です。
　以上から、<u>資産拡大には、**①安く買う、②価値を高める、③リスクをマネジメントする**、の3点が必須</u>ということになります。このうち、**①安く買う**にはオポチュニティ型投資手法が有効であり、**②価値を高める**ことがバリューアッド型投資手法となります。

　これらをまとめた図解を示します（**図表1-2**。不動産価格の相場を一定と仮定しています）。

● 図表 1-2　資産拡大の流れ ●

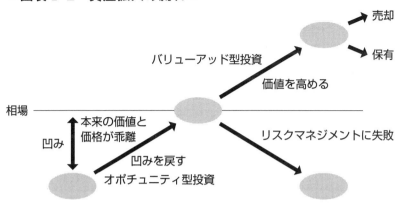

## コラム❶　不動産投資と他の金融資産との比較

　不動産は金融商品ではありませんが、資産運用の一商品という点では同じですので、不動産投資と金融商品を比較するのは有意義です。

　以下にまとめましたので、ご参照ください。

|  | リスクの低さ | インフレヘッジ | 手数料の安さ | 流動性（換金しやすさ） |
|---|---|---|---|---|
| 定期預金 | ◎ | × | ◎ | ◎ |
| 投資信託 | × | ○ | △ | ○ |
| 個別株式 | × | ○ | ○ | ○ |
| 外貨預金 | ○ | △ | △ | ○ |
| J-REIT | △ | ○ | △ |  |
| 不動産投資 | ○ | ◎ | × | × |

　**リスクの低さ**という点では、不動産投資の場合、空室リスクや物件価格の値下がりリスクはあるものの、比較的安定しています。外貨預金は元金保証されるものの、為替の影響を受けますので、資産を日本円で持ちたいという方には、国内不動産投資の方が安定的とも言えます。

　株式や投資信託のように、景気の変動で即価格が上げ下げされる商品はリスクが高いと言えるでしょう。

　**インフレヘッジ**という点では、景気の上昇に伴って土地や建物の価格も上がるため、不動産に勝るものはないでしょう。

不動産投資の弱点として**手数料**の高さが挙げられますが、これは仲介手数料のほか、登録免許税や不動産取得税等が発生するからです。とはいえ投資信託や株式投資においても、証券会社や発行体への手数料がかさむ場合もありますので、一概に不動産が高いとも言い切れません。

　**流動性**という点では、不動産は売りに出しても、今すぐに売却というわけにはいきませんので、そこは弱点と認めざるを得ないでしょう。不動産以外にも流動性の高い資産を持っておくことで、急な資金が必要になったときでも、不動産をすぐに売らなければならないという状況を避けるべきです。

# 攻めの不動産投資（オポチュニティ型）の検討過程

## (1) 一般の方の不動産投資の検討過程

　一般の方の不動産投資の入り口は、不動産業者の持参する完成した不動産投資商品を検討するところから始めることでしょう。そこでは、主に利回りの数字が問題となります。
　利回り（％）とは、

> 年間賃料収入÷物件価格×100（％）

の計算式で算出される指標です。
　分子の**年間賃料収入**は、必要経費を差し引いて実質的な利回りを算出するケースもあれば、単に表面利回りを出して入り口の参考にするケースもあります。
　分母の**物件価格**は、仲介手数料や不動産取得税、登録免許税、さらには初期の修繕費まで加えて実際の投資総額で計算する場合もありますし、簡易に物件価格のみで割り算する場合もあります。

　そこで出された利回り感について、主に立地と築年数という判断要素に基づき、高いのか低いのかを判断します。

- 立地が良くて（東京都心部の駅近）、築浅であれば、表面利回り[※1]5％あれば十分である
- 郊外で、かつ駅からバス便でないと行けない立地で、築年数も古い場合は、実質利回り[※2]12％を超えないと投資できない

といった具合です。

　加えて、それぞれの投資家の置かれた状況に応じて、求める利回り感が上下します。

- 現金が潤沢にあるので、投資は資産を防衛するスタンスであり、安全性の高い物件であれば利回りは低くてもよい（国債より少し高い水準でよい）
- サラリーマンを退職した場合に備えて、不動産の賃料収入だけで生活をしていけるようにしたいので、リスクを取りつつ、とにかく利回りを高くしたい

といった具合です。

　一般の方の検討過程は、この程度です。あとは、物件の外観や内装が気に入るか、場所が自分の好きな地域か、そうでないか、銀行融資がつくのか、つかないのかといった付随的判断要素が加わるくらいでしょう。
　いずれにせよ、業者の持参した資料を前提に、業者の意見に耳を傾けながら、受動的に投資の判断をしているように見受け

---

※1　表面利回り＝（年間の満室想定の賃料収入）÷（物件価格）×100％
※2　実質利回り＝（年間の賃料収入－年間の運営経費）÷（物件価格＋購入経費）×100％

られます。この買い方では、不動産投資で大きな利益を上げることはできません。

　では、主体的で、大きく利益をとりに行く投資の手法は考えられないでしょうか。私が実際に不動産投資の入り口で検討する過程を紹介します。

## (2) 開発型不動産投資の検討過程

　攻めの不動産投資の最たるものは、土地（古い建物付きの場合もあり）を仕入れて建物を新築する投資（開発型）手法でしょう。その際の検討過程は以下の通りです。

① 対象となる土地のボリュームプラン[※1]を作成する→設計会社へ外注
② ①のプランに基づいて、賃料査定→不動産会社に外注
③ ②の想定賃料をもとに、新築時の想定時価を算出→自分で判断
④ 建築費の概算見積もりを取得する→①の設計会社に依頼
⑤ ③④の金額をもとに、土地取得価格の上限を判断→自分で判断
⑥ 金融機関に①②④および固定資産評価証明書[※2]を渡して、融資の可否をヒアリング
⑦ ⑥の結果により、投入する自己資金が許容できれば、⑤の上限額の範囲内で買付証明書を提出

---

※1　ボリュームプラン……当該敷地に建築できる建物のおおよその大きさ。
※2　固定資産の評価額は3年ごとに評価替えが行われ、不動産に課税される税金の計算根拠となります。また、土地・建物の価格の参考値にもなりますので、買主は売主から提出を受けて評価額を確認するのが通常です。

⑧　売主から売渡承諾書を取得できたら、金融機関と融資金額、期間、金利等の交渉
⑨　デューデリジェンス(売主の売却権限・反社チェック、物件の瑕疵の有無、境界確定の有無、立退きの有無等)
⑩　売買契約を締結して、手付金支払
⑪　金融機関と金銭消費貸借契約締結
⑫　残金決済して所有権移転登記

　以上のうち、①→⑦の動きを超特急で行います。遅くとも2週間以内です。良い物件というのは競争相手が出てきますので、ここで時間をかけていては優良物件を購入することができません。そして、⑧で売渡承諾書を取得できても安心はできません。売主から、やはり契約しないと言われることはたまにありますし、その場合に売主に法的責任の追及はできません。

　ですので、⑨をある程度しっかりやりつつも、⑩の契約締結を急ぎます。契約を締結して手付金さえ支払ってしまえば、安心です。手付金が極端に低い金額でない限り、契約を解除されることはあまりありません。

　あとは、金融機関、売主、仲介会社、司法書士と日程の調整をして、⑪⑫の手続きを完了させるだけです。

## (3) 開発完成時の物件の時価の算定法（過程①②③）

　それでは、①〜③の過程を実際に見ていきましょう。
　例えば、以下のような物件概要の情報が寄せられた場合を想定します。

> 東京都港区六本木
> 築40年の古ビル（4階建てEVなし）付きの土地（30坪）
> 商業地域　建蔽率※1 80%　容積率※2 600%
> 現況年間賃料収入 800万円程度
> 売買希望価格 4億円

　この点、表面利回りは賃料収入（800万円）÷物件価格（4億円）＝2％となりますので、この物件を購入して、そのまま保有するという選択肢はありません。エンドの投資家がこの辺りの収益物件に投資する場合、築古であれば表面利回り5〜6％は求めるところです。

　近隣の土地の成約事例からすると、土地の坪単価（1,333万円）は妥当と言えます。なぜ、土地が高くないにもかかわらず、利回りが低いのかと言えば、

- 既存建物が容積率を使い切って建てられておらず、貸付面積が少ない
- 賃料単価も10年以上も前から値上げされておらず、割安
- 最も高く貸せる1階を知人の趣味のバイク置き場として貸していて、相場の半値で貸してしまっている

等の理由が考えられます。

　特に、容積率をすべて使いきると本来8階建てまで建つところを4階建てでEVなしの建物が建っているため、既存テナン

---

※1　建蔽率……敷地面積に対する建築面積（建物を真上から見たときの面積）の割合。
※2　容積率……敷地面積に対する建物の延床面積の割合。都市計画で上限が定められている。詳しくは138頁以下参照。

トの賃料を上げたところで収益の改善は焼け石に水です。そうすると、本物件は、建替えを前提としなければ、売主の希望価格では売却できないことになります。

そうすると、まだ賃借人が現にいる状況で、建替えはできませんので、一般の方は手を出しにくい案件となります。築年数が古いので、外壁塗装や屋上防水など修繕費がかさんでくる可能性も高く、ただでさえ低い賃料収入が手残りでいくらになるのか、不安は大きいでしょう。

以上の事情から、本件はオポチュニティ型の案件であり、買い手が限定されますので、価格交渉ができるものと思われます。

そこで、早速、設計会社にプラン作成を依頼します。

そうしたところ、設計会社は、地上8階・地下1階のボリュームプランを出してきました（延床面積[※3] 173坪）。本件土地の前面道路は10メートルありましたので、前面道路幅による容積率の制限（138頁以下参照）は受けませんが（10m×60＝600％＝指定容積率と同じ）、道路斜線による高さ制限で8階の一部が削られますので、その分の容積を地下にまわしたプランとなっています。

次に、このプランに基づく賃料査定を依頼します。

不動産業社からの査定書によると、年間賃料収入4,336万8千円です。

ここで注意すべきは、この査定価格を鵜呑みにしないことです。業者は自社に客付けの依頼を発注してもらいたい動機がありますので、実際より高めに査定を出してくることがあります。そこで、掛け目90％にして3,900万円と見込みます。

---

※3　延床面積……建物の各階の床面積を合計した面積。**図表1-3**の専有面積に共用部等を加えたもの。

● 図表1-3　ボリュームプランに基づく賃料査定 ●

| 階層 | 専有面積（坪） | 賃料坪単価（円） | 賃料（円） |
|---|---|---|---|
| 8 | 11.01 | 22,000 | 242,000 |
| 7 | 16.66 | 20,000 | 333,000 |
| 6 | 16.66 | 20,000 | 333,000 |
| 5 | 16.66 | 20,000 | 333,000 |
| 4 | 16.66 | 20,000 | 333,000 |
| 3 | 16.66 | 25,000 | 416,000 |
| 2 | 16.66 | 30,000 | 500,000 |
| 1 | 15.60 | 40,000 | 624,000 |
| B1 | 16.57 | 30,000 | 500,000 |

合計 143.14（坪）　　　合計　3,614,000円／月
　　　　　　　　　　　　　→43,368,000円／年

　ここからは私自身の経験と市場調査による査定となります。
　港区六本木○丁目のこの立地で、新築の商業ビルが満室稼働になったと仮定して、投資家はどの程度のリターンを求めるでしょうか。私は、実質利回り4％と査定しました。
　そうすると、経費概算を賃料収入の15％とみた場合、

> NETインカム（純利益）＝3,900万円－3,900万円×15％
> 　　　　　　　　　　＝3,315万円

となります。これを4％で割り戻すと、

> 3,315万円÷4％＝8億2,875万円

となります。
　以上から、本物件を購入し、建て替えた場合、新築物件は時

価8億3,000万円程度と想定します。

## (4) 土地仕入れ値の目線（過程④⑤）

次に取得すべき情報は、建築費の概算です。本件では設計費込みで2億2,000万円程度です。これに既存建物の解体費用が2,000万円程度必要です。

そうすると、単純計算によって、投資額は、

```
　土　地　　4億円
＋建築費　　2億2,000万円
＋解体費　　　 2,000万円
＋諸経費　　　 2,000万円（仲介手数料や租税公課）
　　　　＝6億6,000万円
```

となります。

以上からすると、新築完成時の時価8億3,000万円に対して、原価6億6,000万円となるので、投資可能とも思えます。

開発に2年かかるとして、利回りをあえて算出すると、

```
(8億円3,000万円−6億6,000万円)÷6億6,000万円
÷2年×100（％）＝12.9％
```

となります。

しかし、開発案件は更地の場合でも完成まで1～2年を要しますので、その間の経済事情の変動等で新築時に物件価格が想定より下がってしまうリスクがあります。また、本件ではそもそも賃借人が残っていますので、さらなる時間と資金も必要になります。私の経験上、本件は1階のテナントが趣味のガレー

02　攻めの不動産投資（オポチュニティ型）の検討過程

ジとなっていますので、立退きの難易度は高くないと判断しましたが、それでも任意の立退きに応じてもらえないリスクもありますし、他のフロアの賃借人もいることから、立退きに要する資金を、弁護士費用や賃借人に支払う立退料等、合計で5,000万円程度見込んでおく必要があります。

そうすると、土地の仕入れ値を3億7,000万円程度にできれば、新築時に1億5,000万円程度の含み益が出ていることになります。逆に言えば、それくらいの含み益が出る開発でないと、リスクを負う必要はないと言えます。

そこで、私が本物件を購入する上限を3億7,000万円と査定しました。

## (5) 金融機関へのヒアリング (過程⑥)

次に、買付証明書[※1]を提出する前に金融機関に打診しておきます。金融機関の反応によって、積極的に買うべきか、買いを控えるべきかの判断がつく場合があります。

というのは、金融機関に審査してもらうことによって、以下3点が分かります。

---

① 物件の担保価値
② 物件の収益力
③ 売主や仲介会社、賃借人の属性

---

※1 買付証明書……買主が売主に対して、当該不動産を購入する意思があることを伝える書面。法的拘束力はない。34頁以下参照。

## ① 物件の担保価値

　まず、金融機関は土地と建物の担保評価を査定に回します。

　本件では、建物は築年数が経過しているので評価が付きません。また、土地の評価については、路線価等を基準に査定されますので、時価より低く評価されるのは当然ですが、ある程度取引事例も参照しているようですので、銀行が出してくる担保価値があまりに低い場合は、その売買価格が高すぎるという判断をすることができます。なお、金融機関は担保評価を明確には教えてくれませんが、会話の中で何となく把握することができます。

　本件では、土地の担保価値は2億円を超える程度と把握できましたので、私の指値（3億7,000万円）の半値よりは担保価値があることが分かり、私としてはギリギリ合格としました。都心部では、時価が高く取引されますので、路線価や相続税評価額と時価が大きく乖離することが常態化しています。

　そして、金融機関としては、物件の担保価値と融資金額に開きがある場合は、借主の属性で融資可否を審査します。借主の年収のみならず、保有資産、資産を築いてきた背景、不動産投資の経験等々です。本書執筆の現在、世間を騒がせているスルガ銀行や一部上場企業TATERUが融資資料を改ざんして、本来融資すべきでない借主に融資を実行してきたと社会問題化されているのも、まさにここの話です。

## ② 物件の収益力

　続いて、当方で提出したプランと賃料査定について、銀行も独自に検証します。プラン通りの建築が可能かという点もそうですが、主に賃料の査定が甘くないかという視点です。

　銀行のロジックは、一例ですが、

- 掛け目90％の賃料の査定に対して、さらに掛け目85％のストレスをかけて、
- 金利が年利4％に上昇したと仮定して、
- 貸付金額を貸付期間で返済することができるか（新築RC造の場合は期間長め）

という組み立てです。

本件では、融資全額を4億円、貸付期間を35年とすると、

- 想定NETインカム3,315万円×85％＝2,817万円
- 金利4％の年間利払い＝1,600万円
- 元金返済は年間1,142万円

となりますが、キャッシュフローで見ると、

(2,817万円－1,600万円)×(1－法人税率35％)－1,142万円＝▲351万円

となり、これでは返済がまわらないことになります。

そこで、金融機関から借主に対して、融資金額を下げるので、自己資金を増やしてくれという話になります。本件では、3億2,000万円程度が妥当な融資金額かと思われます。

(2,817万円－3億2,000万円×金利4％)×
(1－法人税率35％)－(3億2,000万円÷35年)
＝999万円－914万円
＝85万円（フリーキャッシュフロー）

となり、返済可能です。これにより、総額6億8,000万円の投資に対して、47％の融資を引くことになります。

```
  土　地　3億7,000万円
＋建築費　2億2,000万円
＋解体費　　 2,000万円
＋諸経費　　 2,000万円
＋立退料　　 5,000万円
　　　　＝6億8,000万円
```

### ③　売主や仲介会社、賃借人の属性

　最後に、金融機関にヒアリングする大きなメリットを紹介します。

　金融機関は反社会的勢力との関係断絶を強く要請されています。まともな金融機関であれば、売主が反社会的勢力や関連企業であれば、絶対に融資しません。そこで、金融機関は独自のシステムやさまざまなルートから反社チェックを厳しく行っています。自行の融資した資金が買主を通して売主の反社会的勢力に流れてしまうのは避けなければなりません。

　したがって、金融機関が、「物件や御社には特に問題はないのですが」と言いつつ、融資を門前払いする案件は、このような事情がある場合もあります（金融機関は、当然ながら、「売主が反社です」とは教えてくれません）。

　同様に、仲介会社や賃借人に反社会的勢力が絡む場合も融資は難しくなります。

　売主がそのような属性であることなどは、買主として想定できないことがほとんどです。金融機関の反応を通して判断するのも1つの防衛策です。

## (6) 買付書面と売渡書面（過程⑦⑧）

　以上の過程を経て、物件の購入を決定した場合には、売主宛てに、買付証明書を提出します。良い物件であれば、売主のもとには、実にさまざまな買主候補から話がきます。その際に売主が気にする点は以下です。

- 金額が自分の希望に達するのか
- その買主は、本当に買う気があるのか
- その買主には、買う資金があるのか（もしくは融資がつくのか）

　売主の立場からすると、口先だけで買う意向を表明している買主よりも、書面で正式にオファーしてもらえたほうが安心です。また、その書面に記載された買主の情報をもとに、購入の現実的な可能性があるのかを探って、誰に売却するのかを判断することになります。

　したがって、買主は**買付証明書**を出す必要があります。ひな形は35頁です。

　続いて、売主は、買付証明書を提出した買主に対して、売却の意思を明らかにすべく、**売渡承諾書**を提出することが通常です。買主にとっては、売主が本当に自分に売ってくれるのかエビデンスをもらえないと、購入資金の準備やデューデリジェンスに進むことができません。ひな形は36頁です。

# 買付証明書

_____ 殿

後記表示の不動産を下記条件にて購入することを申し込みます。

記

1. 売買価格　　　　金　　　　　　　円
2. 手付金額　　　　金　　　　　　　円
3. 売買契約日　　　　　　年　　　月　　　日
4. 残金決済日　　　　　　年　　　月　　　日
5. 取引条件
   (1) _____
   (2) _____
   (3) 本書の有効期限は　　年　　月　　日までとします。

## 【不動産の表示】

(土地)
所　　在　_____
地　　番　_____
地　　目　_____
地　　籍　_____

(建物)
所　　在　_____
家屋番号　_____
種　　類　_____
構　　造　_____
延床面積　_____
物 件 名　_____

　　　　　　　　　　　　　　　年　　月　　日
住所　_____

氏名　_____㊞

# 売渡承諾書

　　　　　　　　　　　　　　　　　年　　月　　日

_____殿

　　　　　住所 _____

　　　　　氏名 _____㊞

後記表示の不動産を下記条件にて売り渡すことを承諾いたします。

　　　　　　　　　　記

売渡価格　　　金　　　　　　　円
手付金　　　　金　　　　　　　円

取引条件
　(1) _____
　(2) _____
　(3) 本書の有効期限は　　　年　　月　　日までとします。

## 【不動産の表示】

（土地）
所　　在 _____
地　　番 _____
地　　目 _____
地　　籍 _____

（建物）
所　　在 _____
家屋番号 _____
種　　類 _____
構　　造 _____
延床面積 _____
物 件 名 _____

買付証明書と売渡承諾書について、裁判例では、いずれも法的拘束力はないと判断されています。「やっぱり買いません」「他に良い条件の買主が現れたのでそちらに売ります」ということが許されるのです。
　とはいえ、道義上は、自分の出した書面の履行を遵守するべきですし、通常の売主、買主はその通りに履行します。これら書面をとりあえず出しておいて、物件を確保しつつ、後からキャンセルする買主や、買主をつないでおいて他の買主も探すという不誠実な売主は、業界で広く認知されるようになり、以後の取引に支障をきたすことになるのは当然です。
　もちろん次で説明するデューデリジェンスの結果、買主が購入を見送るということは許されます。また、融資が受けられないがためにキャンセルすることもあり得るでしょう。

## (7) デューデリジェンス（過程⑨）

　以上で、無事に買付証明書と売渡承諾書の交換が終わった段階で、買主として、デューデリジェンスを実施します。
　デューデリジェンスとは、投資家が不動産を購入する前に行う調査のことで、物件に関するさまざまな事実や情報の信頼性について多角的に分析します。物件に限らず、売主や賃借人など本件投資にかかわるすべての事象を調査します。デューデリジェンスを適切に行うことで、物件の価値が明確になり、値下げ交渉や投資自体の見送りといった判断ができるようになります。

　私が普段実施している主なデューデリジェンス項目は、以下の①～⑤です。

> ①　売主の売却権限・反社チェック
> ②　物件の瑕疵の有無
> ③　境界確定の有無、既存建物の遵法性、訴訟問題の有無等のリーガルチェック
> ④　賃貸借契約の精査
> ⑤　管理状況、管理会社との管理契約の内容

### ①　売主の売却権限・反社チェック

　登記簿記載の物件所有者と売主が一致していれば、あとは本人確認だけですが、登記上の所有者と売主が一致しない場合があります。相続によって物件を承継したけれども、相続登記未了というケースが典型です。そのままでは所有権移転登記ができませんので、遺産分割協議書等が必要です。また、共有者の1人が売買契約の表に出てきているが、他の共有者の同意をとっているのかについてもエビデンスが必要です。これらは仲介会社が手配します。

　また、売主が反社会的勢力である場合、売買契約をとりやめるべきですが、その判断は金融機関の審査等を参考にします。

### ②　物件の瑕疵の有無

　土地について、土壌汚染の有無、地下埋設物の有無等を確認します。建物については、修繕履歴の確認、設備の劣化の度合い、アスベスト等の有害物質の使用の有無、建物の耐震性等を調査します。これらは、基本的には売主が作成する重要事項説明書を参考に判断しますが、それでは情報が足りないという場合は、買主のほうで専門業者を入れて診断することになります。

　なお、本件のような建替え前提のケースでは、私は建物の瑕疵については判断材料から外します。

## ③ 境界確定の有無、既存建物の遵法性、訴訟問題の有無等のリーガルチェック

境界が不明確ですと、そもそも売買契約の対象がどこからどこまでなのか確定できませんし、境界を巡って近隣とのトラブルが発生するリスクを抱えることになります。

また、既存不適格[※1]の物件など遵法性に問題のある物件は銀行融資を受けることが難しいですし、将来売却する際に買主が限られることになります。

その他、近隣住民や賃借人と訴訟を抱えているような物件は、その訴訟が買主に引き継がれますので、それを前提に売買価格を査定する必要があります。

境界や立退きの問題については、**第2章**で説明します。

## ④ 賃貸借契約の精査

既存物件の収益性に期待して投資する場合は、売主から示される賃貸借契約の一覧表（「レントロール」と言います）を精査します。

本件では、賃料収入が総額で年間800万円ということですが、まずは賃料の妥当性を検証します。具体的には、現在の賃料が坪単価2万円で契約しているテナントがいるとして、そのテナントが仮に退去した場合、次のテナントはいくらで契約できるのかについて査定します。ここを正確に査定しないと、購入した後にテナントが入れ替わり、実際の賃料収入が減ってしまうということが起こり得ます。悪質な売主は、意図的に自分の知人や従業員を相場より高い賃料（坪単価2万3,000円）で入居させることで、見かけ上の利回りを高く見せておいて、物件を相場より高く売却しようとします。そして、売却後、しばらく

---

※1　既存不適格……建築時には適法に建てられた建物であっても、その後、法令の改正や都市計画変更等によって、現行法に対して不適格な部分が生じた建築物のこと。

したころにそれら賃借人から退去の申し出があり、新しいテナントを入れようとしても、同じ賃料では決まらないという事態になります。

逆に、同じ事例で、坪単価1万5,000円で入居している賃借人がいる場合は、購入後に賃料増額に成功すれば、その分が物件のバリューアップになります。

その他、賃料を滞納しがちな賃借人や、用法違反等で賃貸借契約に違反する賃借人に対しては、債務不履行解除ができるのか等について検討しておきます。

### ⑤ 管理状況、管理会社との管理契約の内容

建物は管理が重要です。管理業務は「建物管理」と「入居者管理」の2つに分かれます。

#### (i) 建物管理

共用部の日常の清掃が行き届いているか、ゴミ置き場にゴミは溢れていないか、自転車や自動車が無断で駐車されていないかなどについては、賃料に影響を与える事実です。これらの管理は自分でもできますが、多くの場合、管理会社に外注することになりますので、管理会社との管理契約は確認しておくべきです。

管理会社との契約は、日常的な業務、退去にかかわる業務、その他長期的な業務に分かれて、それぞれの業務ごとに見積もりがされますので、業者を比較しつつ依頼するようにします。

● 図表1-4　建物管理の業務内容 ●

| 日常的な業務 | 定期的に管理員を派遣して、清掃やごみ出しなどを行う業務が中心となるが、巡回の頻度など具体的な業務の内容については個別の契約によって異なる。 |
|---|---|
| 退去にかかわる業務 | 入居者の退去後の室内の状況に応じたクリーニング、リフォーム、修理などの手配をする。入居者管理と一括して委託している場合であれば、退去の申し出があった時点から手配をしておくこともある。 |
| その他長期的な業務 | 物件の価値を落とさないためには、適切な時期に適切な補修を行うといった、建物の老朽化対策が必要。そのための長期修繕計画作成、予算計画作成などが主な業務となる。物件を長期間賃貸する場合には、このような業務の委託も検討したい。 |

（公益社団法人　全日本不動産協会HPより引用）

(ⅱ)　入居者管理

　入居者管理の業務内容は大きく2種類に分けられます。1つは入居中の賃料管理や苦情などに関する対応で、もう1つは契約更新、解約など契約期間終了前後の対応です。

　どのような業務を委託するのかは、業務内容と費用を十分に検討する必要があります。

● 図表1-5　入居者管理の業務内容 ●

| 賃料集金代行 | 借主から月々の賃料、管理費などを所定の日に集金する業務。<br>振込み、カード会社による提携サービスの利用、現金での回収などの方法がある。 |
|---|---|
| 賃料滞納への対応 | 借主が賃料滞納した際に連絡などの対応を行うサービス。管理会社によってサービスの内容は異なる。賃料滞納には、適切かつ迅速な対応をしてくれる不動産会社を選びたい。 |
| 賃料保証 | 借主が一定の保証料を支払うことで、借主の賃料、管理費、駐車場料金等の居住用賃料債務について、家賃保証会社が債務保証を行うサービス（機関保証といわれる）。借主が賃料を滞納した場合に、貸主は家賃保証会社からの弁済を受けることができる。<br>会社によって保証内容は異なるので、十分確認することが必要。なお、保証業務には、賃料滞納後の賃貸借契約の解除、明渡しまでにかかる弁護士費用を負担する特約などもある。 |
| 苦情対応 | 入居者からの苦情や入居者と周辺住民とのトラブルなどの対応を行うサービス。<br>なかには、24時間電話対応をしてくれるサポートセンターを設けている不動産会社もある。 |
| 契約更新業務 | 借主に契約更新、あるいは退去の意思を確認し、更新の場合には必要な契約書類を用意するなどの対応を行う。退去の際、貸主に代わって明渡しに立ち会うなどの業務を行っていることもある。 |

（公益社団法人　全日本不動産協会HPより一部修正）

## (8)　売買契約書（過程⑩）

　デューデリジェンスを経て、問題なければ売買契約に進みます。売買契約書は仲介会社が作成します。
　この点、契約書自体は全日本不動産協会のひな形や、大手仲介会社であれば自社のひな形を使用することがほとんどで、内

容は一般的です。売買契約ごとの特殊な事情は特約として別紙に記載します。

　私が不動産の契約をする際に、特にチェックする項目は以下の①～⑥です。

①　融資利用特約
②　デューデリジェンスで発覚した問題点の処理
③　瑕疵担保免責特約
④　手付金の金額
⑤　建物価格
⑥　違約金の金額

　以下、順に見ていきます。

## ①　融資利用特約

　融資利用特約とは、予定していた融資が不成立になった場合は、売買契約を白紙に戻すことができるという特約です。買主がこの特約に基づいて解除した場合は、売主は買主から既に支払われた金員（手付金等）を無利息で返還することになります。

　この点、買主としては、融資を受けて購入する際は、この条項を入れておいたほうが安心です。ですが、売主からすれば、融資が受けられない場合には契約が白紙になりますので、他からも引き合いが強いケースでは、そのような特約を嫌う傾向にあります。実務上、私の感覚では、優良物件については、この特約は付けないことが多いです。ですので、**過程⑧**の金融機関との交渉の中で、融資の承認をとり付けてから契約に進むことが重要です。逆に言えば、この特約を付けないことが、売主との値下げ交渉の材料になることもあります。

## ② デューデリジェンスで発覚した問題点の処理

デューデリジェンスで出てきた問題について、売主・買主間で交渉の結果、売主が処理することになった場合は、例えば以下のような条件を特約に入れることになります。

- 隣接地から越境があるので越境の覚書を取得する
- 私道の通行掘削承諾を所有者全員から取得する
- 残置物を完全に撤去する

これらには期限も定めますが、通常は決済までに完了する条件となります。

## ③ 瑕疵担保免責特約

瑕疵担保責任とは、「瑕疵＝欠陥(不具合)」があった場合に、売主は買主に対してその責任を負うことです（民法570条、566条）。そして、この責任は当事者間の特約で免責できます(同572条)。

売主は、築年数の古い建物付きで売る場合に、この特約を望むことが多いです。自分でも把握していない瑕疵について、物件を引き渡し、代金決済もした後になって責任追及されるのは避けたいという心理です。

ただし、デューデリジェンスの結果、以下の3点が発覚した場合、売主の瑕疵担保責任を免責するのは買主にとって危険です。

- 土壌汚染の可能性
- 地中に埋設物がある可能性
- 高低差がある場合などで、擁壁の安全性に問題がある可能性

これらの瑕疵を修補するには、それぞれ数百万円から数千万円単位の処理費用が発生するからです。それでもなお、売主が瑕疵担保責任の免責にこだわるようであれば、上記処理費用も考慮したうえで売買価格を交渉するべきです。

ただし、売主が宅地建物取引業者で、買主がそうでない取引の場合には、瑕疵担保責任の免責はできません（宅建業法40条、78条2項。その場合でも取引を成立させるための方法は90頁以下参照）。

なお、瑕疵担保責任については、民法改正（2020年4月1日施行。以下同じ）により、契約不適合責任に改められ、買主のとり得る責任追及の手段が増えることになります（改正民法562条ないし564条）。

### ④ 手付金の金額

手付とは、一般的には、契約締結時に当事者の一方が相手方に交付する金銭のことを言います。手付を交付する目的には、契約が成立したことの証拠とするため（証約手付）、債務不履行があったときに損害賠償の予定として没収するため（違約手付）、そして両当事者が手付を放棄するなどすることにより契約の解除をすることができるという解除権を留保するため（解約手付）の3種類があるとされています。民法557条1項は特段の合意がない限り、手付は原則として「解約手付」であることを明らかにしています。そして買主は手付を放棄して、売主はその倍額を償還して契約を解除することができます。

もっとも、当事者の一方が履行に着手した後にも手付の放棄・倍返しにより解除ができるとすると相手方の地位が不安定となり、不測の損害を被ることになりかねません。そこで民法557条1項は、手付の放棄・倍返しによる解除は、当事者の一方が履行に着手したときまでと定めています。

> 民法
>
> （手付）
> 第557条　買主が売主に手付を交付したときは、当事者の一方が契約の履行に着手するまでは、買主はその手付を放棄し、売主はその倍額を償還して、契約の解除をすることができる。

　そして、売買契約書でも、民法の規定通り手付解除できると規定されるのが通常です。
　この点、手付解除について理由は不要です。解除理由は不要で、気が変わったという理由でも許されます。そうであれば、本件売買を確実に履行させたいのであれば、なるべく手付金の金額を上げておくほうがよいです。手付金の金額が小さいと、相手方から気軽に契約を解除されてしまいます。売買代金の金額にもよりますが、売買代金の10％〜20％を目途に、少なくとも5％以上とすべきです。
　また、手付解除できる期限を定めるのが通常ですが、売買契約から引渡し日まで数か月空くケースでは、手付解除の期限を引渡し日の近くに設定されてしまうと、売主も買主も不安定な地位に置かれてしまうことに注意です。

## ⑤　建物価格

　不動産の売買では、消費税込みの金額で価格が交渉されるのが通例です。そして、先に税込みの金額が決まった後で、売買契約書が作成される段階になって、消費税額をいくらにするのかが決定されることが多いようです（私は、買付を入れる時点で、消費税額を明らかにして提示します）。

　前提として、土地は消費税の対象となりませんので、建物の

価格がいくらなのかが重要です。一般的には、次の計算式で算出します。

● **一般的な建物価格の計算式** ●

$$建物価格 = 売買価格 \times \frac{建物の固定資産税評価額}{土地の固定資産税評価額 + 建物の固定資産税評価額} \div 消費税率 _{(執筆時1.08)}$$

　以上の計算式は1つの計算方法に過ぎず、建物価格は建物の簿価として、売買価格から建物の簿価を引いた残額を土地価格とするケースもあります。
　この点、買主にとっては、建物価格が高いほうが有利です。支払消費税を多く計上できますので、税込み価格が同じであれば、その分だけ本体価格が安くなったことになります。また、減価償却費も建物価格が高いほうが多く計上できますので、買主は建物価格を高くするよう交渉します。
　他方で、売主は建物価格が上がると受取消費税が上がり、その分本体価格を安く売ることになりますので、基本的には土地価格が高くなるように交渉するはずです。

## ⑥　違約金の金額

　売主もしくは買主の債務不履行があると、相手方は売買契約の解除をしたうえで、不履行をした売主もしくは買主に対して違約金の請求もできると定められるのが通常です。この違約金の金額については、「手付金と同額」とされる場合と、「売買代金の○○％」とされる場合があります。いずれの場合でも、特別の事情がない限り、違約金が賠償額の予定となりますので(民法420条3項)、実際の損害額に限らず、違約金として定めら

れた金額のみを請求することとなります。また、損害額の立証も不要です。

### ✏ 民法※1

> （賠償額の予定）
> 第420条　当事者は、債務の不履行について損害賠償の額を予定することができる。この場合において、裁判所は、その額を増減することができない。
> 2　賠償額の予定は、履行の請求又は解除権の行使を妨げない。
> 3　違約金は、賠償額の予定と推定する。

　この点、違約金の金額を高めにしておくか、低めにしておくかは、売主・買主の置かれた状況によります。例えば、その取引をどうしても成就させたいと思うのであれば、違約金を高めにしておくことで、相手方が不履行をしないよう歯止めとなり得ます。他方で、建築中の建物を売却する売主にとっては、工事業者の破産等で仕事を完了しない（引渡し日を守れない）事態も想定すると、あまり高額な違約金を設定するのは得策ではありません。

　なお、宅建業者が自ら売主となる契約においては、違約金と損害賠償額の予定の合計が売買代金額の20％を超えることはできず（宅建業法38条1項）、20％を超える部分は無効とされます（同条2項）。

---

※1　なお、民法改正により、第1項の「この場合において、裁判所は、その額を増減することができない。」の文言が削除されます（改正民法420条1項）。

### 宅建業法

(損害賠償額の予定等の制限)
第38条　宅地建物取引業者がみずから売主となる宅地又は建物の売買契約において、当事者の債務の不履行を理由とする契約の解除に伴う損害賠償の額を予定し、又は違約金を定めるときは、これらを合算した額が代金の額の10分の2をこえることとなる定めをしてはならない。
2　前項の規定に反する特約は、代金の額の10分の2をこえる部分について、無効とする。

その他、違約金の額がきわめて高い場合には、公序良俗違反（民法90条）により無効とされたり、事業者と消費者の契約であれば、消費者契約法9条による規制も受けます。

### 民法[※2]

(公序良俗)
第90条　公の秩序又は善良の風俗に反する事項を目的とする法律行為は、無効とする。

---

※2　なお、民法改正により、「事項を目的とする」の文言が削除されます（改正民法90条）。

### 消費者契約法

> （消費者が支払う損害賠償の額を予定する条項等の無効）
> 第9条　次の各号に掲げる消費者契約の条項は、当該各号に定める部分について、無効とする。
> 一　当該消費者契約の解除に伴う損害賠償の額を予定し、又は違約金を定める条項であって、これらを合算した額が、当該条項において設定された解除の事由、時期等の区分に応じ、当該消費者契約と同種の消費者契約の解除に伴い当該事業者に生ずべき平均的な損害の額を超えるもの　当該超える部分
> 二　当該消費者契約に基づき支払うべき金銭の全部又は一部を消費者が支払期日（支払回数が2以上である場合には、それぞれの支払期日。以下この号において同じ。）までに支払わない場合における損害賠償の額を予定し、又は違約金を定める条項であって、これらを合算した額が、支払期日の翌日からその支払をする日までの期間について、その日数に応じ、当該支払期日に支払うべき額から当該支払期日に支払うべき額のうち既に支払われた額を控除した額に年14.6パーセントの割合を乗じて計算した額を超えるもの　当該超える部分

## コラム 2　不動産投資のメリット、デメリット

不動産投資のメリットとして、以下が挙げられます。
- 安定収入が得られる
- レバレッジ効果がある
- インフレヘッジとなる
- 節税効果がある
- 経営手腕を発揮できる
- 売却益が狙える

このうち、**経営手腕を発揮できる**とは、本書で紹介する手法により、仕入れ値を低く抑えたり、物件の価値を高めていくなど、自身の手腕が発揮できるという意味です。経営が傾いている企業の株式を取得して、役員を送り込み、経営を立て直すのと似ています。

また、一番のメリットは**レバレッジ効果**です。コツコツと現金を貯めていたら30年かかってようやく購入できるような物件を、融資を受けてすぐに購入できるのが不動産投資の魅力です。その分、利益が出る際のリターンも大きくなります。

反面、不動産投資のデメリットとして、以下が挙げられます。
- 流動性がない
- 流通税・手数料が高い
- 分割できない
- 破綻リスクがある　←　レバレッジの裏返し

このうち、**破綻リスク**は、レバレッジの裏返しです。借入れを起こして物件を購入する場合、賃料収入が何かの理由で減ってしまう場合、返済ができなくなると、賃貸経営は破綻します。

　また、**分割できない**というデメリットは、主に相続の場面で発生します。金融資産のように頭数で割ることができれば相続人間でトラブルにならない場合でも、不動産は分けられませんので、共有となってトラブルになる可能性を持っています。そのような場合は、民事信託を活用してトラブルを予防できます（220頁参照）。

# 第2章

## 法的知識を駆使した オポチュニティ型投資

一流の投資家の元祖とも言えるネイサン・ロスチャイルド氏は、19世紀に以下の名言を残しています。

「町のあちこちで道が血に染まっているときこそ、買いの絶好のチャンスだ。」

　実際に戦争や大震災が起きたときこそが投資のチャンスだと言いたいわけではありません。他の人が投資しにくい状況下（何らかの凹みがある状態）では、不動産価格は相場以下となるため、積極的に投資をして、後に凹みを戻した際に大きな利益を上げることができるという意味です。一般の方には凹みは戻すことができない案件について、法律知識を駆使して凹みを戻す自信があるのであれば、まさに「買いの絶好のチャンス」なのです。

　私がこれまで手掛けた案件で、凹みがあるがゆえに価格が相場以下となっている事例を紹介します。

## 01 容積未消化の古ビル、建替え困難、融資困難な物件

### (1) 凹みの理由

　都心駅近の好立地にもかかわらず、いまだに木造2階建ての古アパートや、RC造であっても容積率を十分に消化していない（本来であればより大きな建物が建築できる）古ビルが散見されます。このような築古物件には以下の凹みがあります。

> 凹み① 築年数が古いため、耐震性に問題があり、今後発生が予想される南海トラフ型大地震や首都直下型地震に建物自体が耐えられるのか疑問
> 凹み② 築年数が古いため、多額の修繕費が発生していく
> 凹み③ 築年数が古く、間取りや設備の点でも築浅物件に劣るため、賃料は下落傾向にある。それに伴い、空室率も増加していく
> 凹み④ 売却する場合、買主にファイナンスが付きにくいため（建物の法定耐用年数が超過している場合、融資困難）、買主が限定される
> 凹み⑤ 建替えができれば、賃料増加が見込まれるが、賃借人が残存している場合には立退きは容易ではない

### (2) 必要な法的知識

　以上の凹みですが、問題の所在は築年数が古いことにありますので、建替えができれば凹みは解消されます。そして、賃借

人が残存している場合でも、契約期間満了を待って賃貸借契約を終了できれば、その後に建替えをすることができますので、何の問題もないことになります。

ところが、借地借家法28条は、賃借人を保護する趣旨で、建物賃貸借契約の期間が満了しても、賃貸人は「正当事由」がなければ契約の更新を拒絶できず、賃借人に退去してもらうことができないとしました。

そして、この正当事由の有無の判断においては、①**自己使用の必要性**、②**賃借人が建物を使用する必要性**、③**建物の賃貸借に関する従前の経過**、④**建物の利用状況**、⑤**建物の現況**、⑥**財産上の給付**等が考慮されます。

### 借地借家法

> （建物賃貸借契約の更新拒絶等の要件）
> 第28条　建物の賃貸人による第26条第1項の通知又は建物の賃貸借の解約の申入れは、建物の賃貸人及び賃借人（転借人を含む。以下この条において同じ。）が建物の使用を必要とする事情のほか、建物の賃貸借に関する従前の経過、建物の利用状況及び建物の現況並びに建物の賃貸人が建物の明渡しの条件として又は建物の明渡しと引換えに建物の賃借人に対して財産上の給付をする旨の申出をした場合におけるその申出を考慮して、正当の事由があると認められる場合でなければ、することができない。

それでは、どのような場合に正当事由が認められるのでしょうか。

基本的には①〜⑥の要素を総合考慮することになりますが、**①自己使用の必要性**と**②賃借人が建物を使用する必要性**（必要とする事情）が、正当事由を判断するうえで基本的な要素と考えられています。この基本的な要素を比較衡量して、どちらがより重要視されるべきかが議論の焦点です。例えば、天秤ばかりの左右の受け皿に、分銅（重り）のように賃貸人側の必要とする事情と賃借人側の必要とする事情をそれぞれ乗せて、どちらに傾くかということです。賃貸人側に傾けば、「正当事由」があるということになります。

　その他の付随的要素として、**③賃貸借の従前の経過**は、敷金、礼金や更新料の授受があったか否か、家賃の改定状況、賃借人に賃料不払い等の事情があったか否か、契約期間の長短等が考慮要素となります。**④建物の利用状況**は、賃借人が契約に定められた目的に従って建物を使用しているか、賃借人がどのくらいの頻度で建物を利用しているか、共同住宅の場合、退去済の賃借人がどの程度いるのか等の事情が考慮されます。**⑤建物の現況**は、建物がどの程度老朽化しているか、補修をするために、費用がどれくらいかかるのかという点が考慮要素となります。賃借人に提供する**⑥財産上の給付**については、要するに立退料が問題になります。

　ここで注意しておくべきことは、立退料さえ支払えば正当事由が満たされるというわけではない点です。ここはよく勘違いされるのですが、**⑥財産上の給付**はあくまでも正当事由の補完的な要素と考えられており、①〜⑤の事情によって正当事由がある程度認められる場合に、立退料を支払うことで正当事由が完全に認められます。つまり、①〜⑤では正当事由が認められないという場合には、立退料をいくら支払っても、理論的には正当事由は認められないということになります。

## (3) 凹みの戻し方

では、どのようにすれば凹みを戻していくことができるでしょうか。結論としては、以下の①〜③の方法があります。

> **戻し方①** 正当事由を主張して、賃貸借契約を更新拒絶する
> **戻し方②** 法的手続によらずに、任意の交渉で賃貸借契約終了を合意する
> **戻し方③** 時間軸を意識して、借主からの退去の申出や債務不履行を待つ

### 戻し方① 正当事由を主張して、賃貸借契約を更新拒絶する

正攻法は、賃貸借契約を更新拒絶して、正当事由を争う賃借人に対して訴訟を提起する方法です。

その場合の正当事由の主張の方法は以下(i)〜(v)です。

### (i) 対象建物の返還が賃貸人にとって死活問題であることの主張

まず、**戻し方①**の方法による場合には、(2)で挙げた正当事由の要素の中で最も重視される事情(**①自己使用の必要性**と**②賃借人が建物を使用する必要性**の比較)を主張する必要があります。すなわち、賃貸人が賃借人に対し明渡しを求める場合、賃貸人の自己使用の必要性があることを強く印象付ける必要があるのです。

自己使用の必要性には、4つの段階があると言われています(笹塚昭次「判例批評・立退料の提供と借家法第1条の2解約申入効果の発生時期」民商51・6・135等)。**Ⓐ死活にか**

かわる段階、Ⓑ切実な段階、Ⓒ望ましい段階、Ⓓわがままな段階です。

> Ⓐ**死活にかかわる段階**とは、対象建物の返還を受けなければ貸主側の経済状態は劣悪化し生計等を維持することもおぼつかない状態、あるいは対象建物を明け渡すことにより借主側は居住・営業の場所を失い一家離散の状況となることが必至であること等、建物を返還することが当事者の生活を崩壊させるような状況に陥る場合です。
> Ⓑ**切実な段階**とは、Ⓐの段階ほどではないけれども、居住または営業上、対象建物の使用を必要とする度合いが切実な場合です。
> Ⓒ**望ましい段階**とは、例えば、貸主にとってできれば対象建物の返還を受け、より高層の建物に建て替えて、土地を有効に活用し収益を増加したい場合です。
> Ⓓ**わがままな段階**とは、例えば、貸主にとって当面使用する必要はないけれども、とりあえず返還してもらいたいという場合です。

賃貸人としては、自己使用の必要性について、Ⓐ**死活にかかわる段階**である、つまり、対象建物の返還を受けなければ賃貸人側の経済状態は劣悪化し生計等を維持することもおぼつかない状態に陥るといった事情を主張することで、立退きを圧倒的優位に進めていくことできます。

このような事情としては、㋐**居住の必要性**（老齢・病弱等の事情）、㋑**営業の必要性**、㋒**経済的困窮**（金融機関への返済状況等）の３つの事情を主張することが考えられます。

㋐〜㋒の各事情についての裁判例を紹介します。

ア） ㋐**居住の必要性**（老齢・病弱等の事情）
　対象建物において、賃貸人または賃貸人の家族や従業員等、賃貸人と密接な関係がある第三者の居住の必要性について主張します。

> 　貸主は高齢かつ身体の不調により、一人暮らしが不安となっていたところ、次男家族と同居して老後の面倒を見てもらうために、対象建物を利用する必要性を理由として解約申入れを行い、同解約申入れが認められた（東京地判平成21・3・12）。

イ） ㋑**営業の必要性**
　対象建物において賃貸人自らが営業する必要性も積極的に考慮される要因です。㋒**経済的困窮**等の事情が重なると、死活問題であるとさらに認定される方向に働きます。

> 　貸主は獣医医院の開業を検討していたところ、動物を扱うため、対象建物よりほかの場所で開業するのは事実上無理であるという状況のもとで、正当事由が肯定された（東京地判昭和55・8・15判タ440号123頁）。

ウ） ㋒**経済的困窮**（金融機関への返済状況等）

> 　対象建物の2、3階を賃借していた貸主は、賃貸借上のトラブルから対象建物1棟すべてを買い取ったが、買取り代金の融資の返済に窮していたところ、対象建物1棟を改築して貸ビルにして収入の道を確保

> する必要があるとして、対象建物1階一部においてパチンコ営業をする借主に対する明渡し請求が認められた（東京高判昭和60・4・19判時1165号105頁）。

### (ii) 望ましい段階に過ぎない場合の主張方法

　賃貸人側の自己使用の必要性について、**Ⓐ死活にかかわる段階**とまで言えない場合でも、都心部の不動産であれば土地の高度利用という観点で主張をして受け入れられるケースもあります。

　土地の高度利用とは、土地は全体としての物理的供給量が限られているので、大都市圏の根強いオフィス需要や潜在的な住宅需要を満たすためには、適正かつ合理的な高度利用が必要であるという考え方です。要するに、都心部の土地の上にある木造築古物件などは、より有効に活用されるために再開発に供されるべきという考え方で、裁判所にも認められています。土地の高度利用については、借地借家法28条の正当事由の例示にありませんが、積極的に主張していくべきです。

> 　対象建物に隣接して広大な土地を有する貸主が、対象建物と一体利用のうえ高層建物を建築し土地を有効利用する必要があるとして、対象建物において薬局を経営し、居住する借主に対して、一定の立退料の提供により正当事由があると認められた（大阪地判昭和63・10・31判時1308号134頁）。

### (iii) 借主の自己使用の必要性を排斥する主張方法

上記(i)(ii)の主張により、たとえ、賃貸人自身の自己使用の必要性が、Ⓐ死活にかかわる段階に至っていたとしても、賃貸人・賃借人双方の使用の必要性が比較考量されたときに、賃借人の方がⒶ死活にかかわる段階の程度がより高いと判断される可能性があります。

そのため、賃貸人が賃借人に対し明渡し請求を行う場合には、賃貸人自身の自己使用の必要性を主張することはもちろん、賃借人の自己使用の必要性を排斥する事情を主張しなければなりません。そして、賃借人の自己使用の必要性は、単なるⒸ望ましい段階、またはⒹわがままな段階に過ぎないと主張します。

具体的には、賃貸人としては、賃借人の㋐居住の必要性が切実ではない、㋑対象建物での営業の必要性がない、㋒代替地の提案について主張することが考えられます。

#### ア）㋐居住の必要性が切実ではない

賃借人は単身で他所への転居が比較的容易である、賃借人は他に所有物件がある等の理由から、賃借人にとって対象建物への居住の必要性が切実ではないことを主張します。

> 借主は生活にゆとりなく他の部屋を探すのは困難な状況であるものの、借主は独身であり、また、対象建物の存する場所に居住しなければならない必然性も認められないこと等が考慮され、貸主からの明渡し請求が認められた（東京地判平成3・7・26判タ778号220頁）。

イ) ⓘ-1 対象建物での営業の必要性がない
　　（他所へ移転しても打撃が少ない）
　賃借人の使用目的が店舗ではなく住居や事務所である場合、常連客等を失う等の事情もなく、他所へ移転することの支障は比較的小さいと判断されます。賃借人の使用目的を指摘し、他所へ移転しても打撃が少ないことを主張します。

> 　借主は対象建物に居住し、かつ、通信販売の連絡所として使用していた。借主が対象建物から移転することによってその営業にある程度の障害が起こることは否定し得ないが、借主の営業形態は通信販売であって、固定客に対し移転通知を発するほか、掲載中の雑誌の広告に住所移転の通知を加えることにより、また郵便局に対し住所変更届を提出することによって、住所移転に伴い被ることのあるべき営業上の損失をほぼ回避できるものと考えられるとされ、貸主の明渡し請求が認められた（東京地判昭和55・2・20判時978号65頁）。

ウ) ⓘ-2 対象建物での営業の必要性がない
　　（営業がうまくいっていない）
　そもそも賃借人の営業がうまくいっておらず、営業を継続することが困難であることを主張します。

> 　借主は対象建物において喫茶店を経営し、その利益を生活費の一部にあてているとするが、賃料の供託がときどき期限に遅れて行われる等、喫茶店の営業収益はさほどの額でないと伺われることも考慮され、400

> 万円の立退料の支払を条件に明渡しが認められた（横浜地判昭和63・2・12判時1291号108号）。

### エ）イ-3 対象建物での営業の必要性がない
### 　　（投下資本を回収済である）

賃借人から対象建物に相当の初期費用をかけて営業を開始したとの主張があったとしても、入居後、ある程度の期間が経過している場合には、投下資本については回収済であると反論することが考えられます。

> 借主は対象建物に約300万円の費用をかけて増改築したとするが、それから既に約15年が経過しているから、投下資本の回収は一応なされているものと推定されること等の事情が考慮され、貸主からの明渡し請求が認められた（前掲横浜地判昭和63・2・12）。

### オ）ウ 代替地の提案

賃借人の要望になるべく沿う代替地の提案を行うことで、賃借人が対象建物での居住・営業についてこだわる必要性がないことを主張します。

> 借主が対象建物に30年以上にわたって居住してきた事案において、借主が本件建物から立ち退くことによって、30年以上にわたって築いてきた隣人との人間関係を失う結果となるおそれがあることは否定できないが、当該損失は代替家屋の提供と立退料400万円の提供により正当事由が認められると判断された

（大阪地判昭和 62・11・27 判タ 680 号 170 頁）。

#### ⑷　耐震性に問題があるとの主張

　耐震診断をし、強度不足となった場合には、当然正当事由がある方向に傾きます。ただし、この場合も建替えでなく、耐震補強で十分と判断されれば正当事由は認められなくなります。裁判例では、耐震補強にかかる費用と建て替えた場合の建築費を比較することが多いです。

　参考になる裁判例として、いわゆる高幡台団地訴訟（東京地判立川支部平成 25・3・28 判時 2201 号 80 頁）があります。対象となった物件は、東京都日野市にある地上 11 階建て、総戸数 250 戸の賃貸住宅です。原告である独立行政法人・都市再生機構（UR）は耐震調査で強度不足が発覚し、初めは耐震改修を検討していました。しかし「改修費用が過大であること」「改修を行っても機能性や使用価値を大きく損なうこと」との判断から、取り壊しを決めました。そして、退去期限とした日の 2 年前に住民に事前説明をし、2 年間は入居者の引っ越し先の斡旋や引っ越し費用を負担しつつ、204 世帯のうち 197 世帯は移転が完了しました。しかし、残り 7 世帯は補強工事による耐震化を求め入居を続けていたことから、UR が 2011 年に提訴したのです。判決理由は「どのような方法で耐震改修を行うべきかは、基本的に建物の所有者である賃貸人が決定すべき事項である」とし、「その判断過程に著しい誤びゅう（誤り）や裁量の逸脱がなく、賃借人に対する相応の代償措置が取られている限りは、賃貸人の判断が尊重されてしかるべき」としました。要するに、耐震補強で済ませるのか建替えをするのかは、基本的にその判断はオーナーがすべきであり、その判断が著しく間違っていなければ正当事由となるとされたのです。ただし、この判決では、

代償措置、つまり立退料は「退去に伴う経済的負担などに十分に配慮した手厚いものと評価できる」内容で、正当事由が補完されると述べられていますので、耐震性のみで正当事由が肯定されたわけではないことに注意です。あくまで、耐震性の問題は、他の要素と相まって判断される1つの事情と言えます。

なお、訴訟においては、耐震性に関する鑑定評価が重要になります。そこでは、鉄骨造、鉄筋コンクリート造、鉄骨鉄筋コンクリート造の建物の耐震性について、一般にIS値という数値が基準とされています。裁判所もIS値を参考にしますので、耐震調査を実施して鑑定をしておくことは必須です。

### (V) 賃借人側の不誠実な態度等により信頼関係が喪失したとの主張

賃貸借契約期間中における不信行為は、正当事由の付随的判断要素（「賃貸借に関する従前の経過」）となります。例えば、賃借人の家賃滞納は債務不履行解除の対象となりますが、信頼関係の破壊とまでは言えない場合（賃貸借契約のような当事者間の高度な信頼関係を基礎とする継続的契約においては、当事者間の信頼関係を破壊したと言える程度の債務不履行がなければ、その契約を解除することはできない）、解除原因に至らなくとも、正当事由の認定で賃貸人に有利に働きます。

この賃借人の不信行為を正当事由に考慮する程度には差があり、㈠賃借人に賃料不払いがあった場合には、賃貸人にかなり有利なファクターとなりますが、㈡用法違反、使用目的違反や近隣妨害その他の不信行為の場合は、それらの行為の程度が著しい場合のみ正当事由の認容要素となるようです（東京地判平成4・9・14等判時1474号101頁）。

この点、賃借人が賃貸人を罵倒したり、暴力を振るうケースでは、不信行為の程度が著しいとして両者の信頼関係の破壊を認め、正当事由を肯定する判例が多いです（借家人が家主の店頭に来て店内を覗きながら、あるいは店内に一歩踏み入れるなどして、家主を罵倒し続けたとして、家主がこの状態を根絶するには自らが他へ転居するか、本件家屋の賃貸借関係を断つ以外に途はなかったとして解約申入れに正当事由を認めた事案。東京高判昭和34・7・21判タ94号43頁）。
　また、不信行為の程度がそこまで大きくなくとも、賃貸人の自己使用の必要性がある程度強い場合に、これを補完する形で不信行為を正当事由認定の要素としている裁判例もあります（同一家屋で家主と借家人が同居している事例で、病気の家主が便所に行くためには借家人の寝室を通らなければならないので、家主と借家人の信頼関係が求められることを前提に、家主の行動を監視してこれを逐一記録し、家主の家族に対して嫌がらせを行ってきた借家人の不信行為を理由に、立退料なしで正当事由が肯定された事案。大阪地判昭和41・10・28判タ199号179頁）。
　私が担当した裁判においても、賃貸人・賃借人双方とも自己使用の必要性が認められる微妙な事案において、賃借人側から賃貸人を徹底的に罵倒する陳述書・準備書面が提出されてきました。裁判官の心証を賃借人に不利に傾けたことは言わずもがなです。

　賃貸借契約が当事者間の高度な信頼関係を基礎とする継続的契約であることは、通常、賃貸人からの債務不履行解除を制限する法理で使われますが（債務不履行があっても解除できない）、正当事由の認定においては、賃借人の不信行為は正当事由を補完する材料となることを肝に銘じるべきでしょう（正当事由が弱くても認容される）。

## 戻し方②　法的手続によらずに、任意の交渉で賃貸借契約終了を合意する

　ところで、上記のような法的手続によった場合、裁判費用が発生し、また相応の時間も必要となり、立退きは長期化します。不動産投資の機会損失は計り知れません。そこで、**戻し方②法的手続によらずに、任意の交渉で賃貸借契約終了を合意する**方法がお勧めです。

　賃借人と人間関係を築いている賃貸人であれば、事情を説明して、賃借人にお願いをすることで円満に退去してもらえるケースもあるでしょう。そのような事情がない場合、賃借人にメリットを与えてあげないと自主的な退去は難しいかもしれません。そこで、例えば、残存期間満了までの賃料を下げるとか、敷金の償却をせずに全額を返還するなど、賃借人に経済的メリットを与えて交渉する必要があります。より直接的に立退料を支払って合意するのも有効な戦略です。

　また、賃借人にとって、すぐの退去は難しい場合でも、2年後など猶予期間を設けると退去可能というケースもあるでしょう。この場合は、現在の普通借家契約を定期借家契約に切り替えるように交渉すべきです。

　定期借家契約とは、契約で定めた期間が満了することにより、更新されることなく、確定的に賃貸借が終了する建物賃貸借のことを言います（借地借家法38条）。この契約形態によれば、期間満了の1年前から6か月前までの間に、賃借人に対し、期間の満了により賃貸借が終了する旨の通知をすることで、正当事由がなくとも契約期間満了により賃貸借契約は確定的に終了します。定期借家契約が効力を生ずるには、書面で契約を締結することが必要です。

この点、既存の普通借家契約を、定期借家契約に切り替えるという合意をすることは無効と解されます。既存の普通借家契約を、賃貸人と賃借人との間で合意解約により終了した後に、定期借家契約を新たに締結する必要があります。

　そして、定期借家権に関する法律の施行日（平成12年3月1日）前に契約を締結した居住用建物賃貸借契約は、たとえ当事者間で既存契約を合意解約して、新たに定期借家契約を締結することに合意したとしても、同一の当事者間で、同一の建物について定期借家契約を締結することは当分の間はすることができないとの制限が設けられています（平成11年改正法附則3条及び良質な賃貸住宅等の供給の促進に関する特別措置法附則3条）。

　当分の間というのは、立法当初は4年程度と考えられていたようですが、本書執筆の現在でもこの制限は撤廃されていません。

## 戻し方③　時間軸を意識して、賃借人からの退去の申出や債務不履行を待つ

　最後に、**戻し方③時間軸を意識して、賃借人からの退去の申出や債務不履行を待つ**方法を紹介します。**戻し方①正当事由を正面から主張**しても賃貸人に勝機がない場合や、**戻し方②任意の交渉**も決裂するような場合には、しばらく静観するほかありません。静観するのですが、「やるべきこと」はやりつつ、待つという戦略です。

　ここで、「やるべきこと」というのは、正当事由以外の主張し得るすべての法的手段をとるということです。例えば、賃料が近隣より低い場合には、賃料増額請求をします（賃料増額請求については149頁以下を参照）。また、賃借人が賃貸借契約書に違反する行為を行っている場合には、厳しく追及します。例えば、騒音を出して近隣に迷惑をかけているとか、共用部に

私物を放置しているといった事情があれば、内容証明郵便で警告します。賃料を滞納するようなことがあれば、絶対に猶予してはいけません。債務不履行解除も視野に入れて、厳しく対応します。このように賃貸人が毅然とした態度をとることで、賃借人は居心地が悪くなり、自ら退去を申し出ることもありますし、場合によっては債務不履行で解除されるような不手際を露呈するケースもあります。

　以上のような凹みの戻し方がありますが、物件購入後に、このような段取りを順序立ててできるのであれば、その物件はお買い得と言えるでしょう。

## コラム❸　ラーメン屋による当たり屋行為

　車の世界では「当たり屋」という言葉があります。意味は、故意に交通事故を起こして損害賠償請求をしようとする者を言います。そして、不動産の世界でも「当たり屋」は存在します。

　築年数の古い雑居ビルの1階に飲食店を出店して、赤字でも経営を続けて、数年後にオーナーから建替えのための立退きのお願いがきた際に、法外な立退料を請求するという行為です。都内で20店舗以上ラーメン店を展開しているオーナーから私が実際に聞いた話です。この方は悪びれもせず、「結構儲かりますよ」とのことでした。

　不動産オーナーとしては、数年後に建替えの可能性があるのであれば、新たに入れるテナントは必ず定期借家契約にしておく必要があります。

 相続トラブルの物件

## (1) 凹みの理由

相続を契機に不動産が売りに出されることはよくありますが、その場合には以下の凹みがある場合があります。

> 凹み①　不動産を共有することになった相続人が複数いて、相続人間の意思統一ができておらず、正式に売却となるのか不透明である
> 凹み②　相続登記がされておらず、売買契約の売主が特定できない状態であるがゆえに、売買契約を締結できない
> 凹み③　②の場合で遺言書がない場合は、法定相続人全員による遺産分割協議が必要であるが、相続人の一部に所在不明の者や未成年者がいて、直ちには遺産分割ができない

このような凹みがあると、なかなか不動産の売却が進まず、広く買主を募集することができませんので、基本的には物件価格は下がっていく方向に働きます。

### 凹み①　相続人全員の意思が合致しない

遺産分割の場面でよく起こるトラブルとして、共有名義の土地を相続したことによって発生するものがあります。

土地がもともと共有の場合、共有者のうち1人が死亡すると、その共有持分が相続人に相続されます。すると、土地共有者が

さらに増えてしまううえ、共有者どうしの面識もないことが多いため、土地の処分などが極めて難しくなりますし、固定資産税を誰が支払うかなどについてもトラブルになることがあります。

　例えば、相続財産である実家を姉2分の1、弟2分の1で共有して相続したとします。その翌年、姉が病気で死亡し再度相続が発生し、姉の法定相続人は、配偶者と子供2人だったとします。姉にはめぼしい財産がほとんどなかったため、この2分の1の実家の持分を配偶者2分の1、長男4分の1、次男4分の1の割合で相続したとします。すると、実家という1つの不動産に対して権利を有する人物が弟（持分2分の1）、姉の配偶者（持分4分の1）、姉の長男（持分8分の1）、姉の次男（持分8分の1）の4人に増えてしまうのです。そうなると、土地・建物の売却や管理に関する意思決定をしていくことがきわめて困難になります。

　そこで、このように、土地の権利関係が複雑になっている場合、事実上売却することが困難になります。不動産相続にあたって、とりあえず共有という相続方法をとれば、その場は比較的簡単に遺産分割協議を合意させることができますが、実は

● 図表2-1　凹み①の例：とりあえず共有 ●

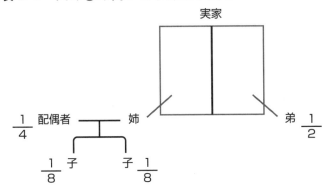

02　相続トラブルの物件

それは遺産分割という問題を根本的に解決できているわけではなく、将来に先送りしているだけなのです。

これが凹み①です。

## 凹み②　相続登記がされていない

相続登記が未了の物件というのは、不動産取引においてはよくあることです。相続発生後、遺産分割協議に争いが生じたり、相続人の範囲が未だ確定できずに、相続登記を行わずに登記懈怠となっているようなケースです。

相続登記未了の場合、戸籍謄本を取り寄せ、被相続人の相続人が誰であるのか相続人の範囲を確定する必要があります。そして相続人が誰であるのか確定したところで相続登記を行い、相続人から買主への所有権移転登記となります。

通常は、被相続人→遺産分割で所有権を取得した相続人→買主という流れです。

例外として、他の相続財産があって全相続財産についての遺産分割はできないとしても、本件物件については売却するという合意が形成される場合、いったん、相続人全員で相続分通りの共有持分として相続登記をして、全相続人の合意のもと、被相続人→相続人全員→買主という流れで移転登記することもあります。

この点、原則の流れで相続登記をするためには、遺言書などがない限り、法定相続人全員により遺産分割協議を行い、全員の印鑑証明書付きの遺産分割協議書を法務局（登記所）に提出する必要があります。

相続登記が一代されていないだけで、相続人が複数いて遺産分割協議をすることが困難な場合もあるのですが、ときには代々相続登記がなされていないこともあります。相続登記未了

で何代も前の所有者名義のまま放置されている場合は、法定相続人が多数に上る可能性があります。一般的に相続権が親から子、子から孫へと世代を重ねるごとに範囲が拡大し、子がない場合には兄弟姉妹にも権利の範囲が広がるため、法定相続人が多数になるのです。

　そうなると、遺産分割協議ができないということで、売買契約を締結することができず、買主はあきらめるほかありません。

　これが凹み②です。

## 凹み③　相続人の一部に所在不明の者や未成年者がいる

　相続人は戸籍で判明したが、相続人の所在が分からないという場合は、事実上遺産分割協議ができません。

　また、相続人の一部に未成年者がいる場合も、未成年者は財産にかかわる法律行為を自ら行うことができませんので、当然遺産分割協議にも参加できません。そして、基本的に未成年者に代わって法律行為を行うのは親権者である親ですが、遺産分割協議の場合には親権者も遺産分割の当事者に含まれる可能性が高くなります。そうなれば未成年者である子とその親権者で利益が相反することになり、親権者が子の代わりに遺産分割協議を行うことは利益相反行為になってしまうため、親権者は未成年者に代わって遺産分割協議をすることができません。

　このような場合、後述する不在者財産管理制度や特別代理人の制度を利用して解決することになりますが、手続きにかなりの時間を要することになりますので、買主からは敬遠されることになります。

　これが凹み③です。

## (2) 必要な法的知識

### ① 共有に関する民法の規定

#### (i) 共同相続の効力

被相続人が亡くなったとき、遺産はただちに相続人のものとなります。相続人が1人だけの場合は、遺産はすべてその人のものになりますが、相続人が複数いる場合は、遺産は相続人全員の共有となります。そして、各相続人の共有持分は、相続分に応じます。

✒ **民法**

> （共同相続の効力）
> 第898条　相続人が数人あるときは、相続財産は、その共有に属する。
> 第899条　各共同相続人は、その相続分に応じて被相続人の権利義務を承継する。

このように、遺言がない場合や、遺産分割をしない状態では、相続する不動産は共有となりますが（遺言で共有とされることもあります）、その後の遺産分割により、なおも不動産を相続人間で共有することもあります。

#### (ii) 共有物の変更、管理、保存行為

そして、共有となってしまうと、共有名義人のうちの誰か1人がその不動産を売却したいと思っていても、他の共有名義人が売却に同意をしてくれない場合には、不動産全体を売却することはできません（民法251条）。

### 📝 民法

> （共有物の変更）
> 第251条　各共有者は、他の共有者の同意を得なければ、共有物に変更を加えることができない。

　なお、例えば、A・B・Cが共有する建物について第三者と賃貸借契約を締結することは、共有物の管理の問題としてA・B・Cの持分の過半数によって決めることになります（民法252条本文）。

### 📝 民法

> （共有物の管理）
> 第252条　共有物の管理に関する事項は、前条の場合を除き、各共有者の持分の価格に従い、その過半数で決する。ただし、保存行為は、各共有者がすることができる。

　共有物の変更や管理と異なり、共有物の保存行為については、各共有者が単独でこれを行うことができます（民法252条ただし書）。保存行為とは、例えば、A・B・Cが共有している土地を不法占拠しているDに対し、その立退きを求めるような行為を言います。このような保存行為は、共有者の共同利益のためのものであるため、単独で行えるとされています。

(ⅲ)　**共有物分割請求**
　共有物に関しては、複数の共有者が権利を有することから、所有者としての権利が制約されます。

この点、遺産分割未了の場合は、遺産分割審判手続によって解決します。

他方で、遺産分割を経て共有となった場合には、「各共有者は、いつでも共有物の分割を請求することができる」として、共有者には、共有状態を解消する権利が認められています（民法256条1項）。そして、当事者間の協議がまとまらないときは、裁判所に対して分割請求ができるとされています（同法258条1項）。

### ✒ 民法

> （共有物の分割請求）
> 第256条　各共有者は、いつでも共有物の分割を請求することができる。ただし、5年を超えない期間内は分割をしない旨の契約をすることを妨げない。
>
> （裁判による共有物の分割）
> 第258条　共有物の分割について共有者間に協議が調わないときは、その分割を裁判所に請求することができる。
> 2　前項の場合において、共有物の現物を分割することができないとき、又は分割によってその価格を著しく減少させるおそれがあるときは、裁判所は、その競売を命ずることができる。

この点、共有物分割の方法は、現物での分割が原則です（現物分割）。

もっとも、現物分割不可または分割によってその価格を著しく減少させるおそれがあるときは、裁判所が競売を命じ、売却代金を分配するという方法も定められています（換価分

割。同法258条2項）。

　さらに、判例理論によって、物件を共有者の1人の所有にして、ほかの共有者との関係では金銭支払によって精算するという方法も認められています。これが価格賠償による分割です。最高裁判例（最判平成8・10・31民集50巻9号2563頁、判時1592号59頁）は、「共有物の性質及び形状、共有関係の発生原因、共有者の数及び持分の割合、共有物の利用状況及び分割された場合の経済的価値、分割方法についての共有者の希望及びその合理性の有無等の事情を総合的に考慮し、<u>当該共有物を共有者のうちの特定の者に取得させるのが相当であると認められ、かつ、その価格が適正に評価され、当該共有物を取得する者に支払能力があって、他の共有者にはその持分の価格を取得させることとしても共有者間の実質的公平を害しないと認められる特段の事情が存するときは、</u>共有物を共有者のうちの一人の単独所有又は数人の共有とし、これらの者から他の共有者に対して持分の価格を賠償させる方法、すなわち全面的価格賠償の方法による分割をすることも許される」としています。

### ② 不在者財産管理制度

　従来の住所または居所を去り、容易に戻る見込みのない者（不在者）に財産管理人がいない場合に、家庭裁判所は、申立てにより、不在者自身や不在者の財産について利害関係を有する第三者の利益を保護するため、財産管理人選任等の処分を行うことができます。

　申立人は、利害関係人（不在者の配偶者、相続人にあたる者、債権者など）と検察官です。

　このようにして選任された不在者財産管理人は、不在者の財産を管理・保存するほか、家庭裁判所の権限外行為許可を得た

上で、不在者に代わって、遺産分割、不動産の売却等を行うことができます。

### ③ 特別代理人の制度

親権者である父または母が、その子との間でお互いに利益が相反する行為（遺産分割協議が典型です）をするには、子のために特別代理人を選任することを家庭裁判所に請求しなければなりません。また、同一の親権に服する子の間で利益が相反する行為や、未成年後見人と未成年者の間の利益相反行為についても同様です。

特別代理人は、家庭裁判所の審判で決められた行為（書面に記載された行為）について、代理権などを行使することになります（家庭裁判所の審判に記載がない行為については、代理などをすることができません）。家庭裁判所で決められた行為が終了したときは、特別代理人の任務は終了します。

## (3) 凹みの戻し方

凹み②③については、地道に戸籍簿をたどって相続人を確定させ、(2)で述べたように不在者財産管理制度や特別代理人の制度を利用するなどして、相続登記を経たうえで、売買契約を締結します。※1

では、凹み①については、どのように戻していくことができるでしょうか。結論としては、以下の3つの方法があります。

---

※1 なお、本書執筆時点において、法務省は、遺産分割協議の期限を最長10年とする民法改正案を検討しています。相続開始時から10年を経過するまでに、遺産分割の協議または申立てがない場合は、法定相続分に従って分割されたものとみなされるようです。

> 戻し方①　相続人の１人に共有物分割請求権を行使しても
> 　　　　　らい、価格賠償による分割を経て、売買契約を締
> 　　　　　結する
> 戻し方②　一部の相続人から共有持分を買い、他の共有者
> 　　　　　からも持分を買う
> 戻し方③　一部の相続人から共有持分を買い、共有者とし
> 　　　　　て共有物分割請求をする

## 戻し方①　相続人の１人に共有物分割請求権を行使してもらい、価格賠償による分割を経て、売買契約を締結する

　当該不動産を相続人間で共有とする遺産分割協議を経た後は、共有物の売却について同意してくれない共有者がいる場合、共有物を売却したいと考える共有者は、共有物分割請求権を行使するほかありません。

　他方で、遺産分割協議を経る前であれば、共有物分割請求ではなく、遺産分割審判手続によることになります（最判昭和62・9・4集民151号645頁）。

　なお、共同相続人の一部から遺産を構成する特定不動産の共有持分権を譲り受けた第三者が共有関係の解消のために取るべき裁判手続は、遺産分割審判ではなく、共有物分割訴訟となります（最判昭和50・11・7民集29巻10号1525頁）。

　共有物分割請求については、(2)で述べた通り、裁判によって、㊀**現物分割**、㊁**換価分割**（競売による売却代金を分配する）、㊂**価格賠償による分割**（特定の者の所有物として、ほかの共有者には金銭が支払われる）のいずれかの判断がなされます。

　この点、共有物を売却したい相続人が㊂**価格賠償による分割**で完全な所有権を取得できれば、その者から買主は土地を購入

することができます。

　そうすると、裁判所が㊂**価格賠償による分割**を選択するように裁判を進めていくことが重要になります。そのためのポイントは以下(i)〜(iii)です。

(i)　**特定の持分権者が全部取得することに相当性がある**
　　まず、不動産を特定の持分権者が全部取得することに相当性があることが必要です。当事者の希望やそれぞれの持分権者の持分割合、共有物の利用状況なども考慮されます。

(ii)　**不動産を適正に評価できている**
　　価格賠償による分割を行うためには、不動産を適正に評価することが必須です。適切に評価が行われない場合に価格賠償による分割を行うと、当事者間で不公平な結果になってしまうので、価格賠償による分割は認められません。

(iii)　**全部取得者に代償金の支払能力がある**
　　価格賠償による分割を行う際には、不動産の全部取得者は他の共有持分権者に対して代償金を支払わなければなりません。そこで、その支払ができることが必須となります。

　これらの事情を総合的に考慮したうえで、価格賠償による分割方法が当事者の実質的公平にかない、その方法による分割が相当な場合に価格賠償による分割が認められます。（前掲最判平8.10.31参照）

## 戻し方②　一部の相続人から共有持分を買い取り、他の共有者からも持分を買う

　戻し方①の方法による場合、買主としては、確実に物件を買うことができる保証はありません。裁判所の判断で競売にかけ

られてしまうと、他の人に競落されてしまう可能性もあります。

そこで、一部の相続人から共有持分を購入することで、自ら共有者となる方法を検討します。

この点、共有者は、自身の持分のみを売却するのであれば、他の共有者の同意は不要です。当然、遺産分割協議書も必要ありません。そして、単独で自由に使うことができない土地の持分のみを買い取るという買主は見つかりにくいのが現実ですので、購入価格はかなり安くなります。

自ら共有者となった買主は、さらに他の相続人に対しても持分の売却を持ち掛けます。他の相続人は、持分を売り渡した相続人との関係では感情の対立等で話合いすらできない状況であっても、第三者である買主との関係では売却に応じる可能性が十分あります。

これにより買主は、各相続人から割安な価格で持分を購入して、結果、完全所有者となることができます。

## 戻し方③　一部の相続人から共有持分を買い取り、共有者として共有物分割請求をする

**戻し方②**の方法によっても、買主はすべての持分を購入できないこともあるでしょう。

その場合、買主は、共有者である自身の権利行使として共有物分割調停や訴訟を提起して、土地を共有持分に応じて分割してもらいます。価格賠償による分割により、自らが土地すべての持分を取得することができれば、買主は完全所有者となることができます。

仮に裁判所が換価分割の手続きを選択して、競売の方法によるとしても、買主は自らが共有者となっていますので、売却代金を持分に応じて取得することができます。元の持分は安く買っているはずですので、投下資本は十分に回収できることになります。

# 03 売主の判断能力に疑義があって、売れ残っている物件

## (1) 凹みの理由

売主に法的な意思能力が認められない場合、当然ですが、物件の売却はできません。

そこで、精神上の障害により事理を弁識する能力を欠く常況にある者については、家庭裁判所は、本人、配偶者、4親等内の親族、保佐人、保佐監督人、補助人、補助監督人などの請求により、後見開始の審判をすることができるとされています（民法7条）。後見開始の審判を受けた者は、成年被後見人（以下、「本人」と言います）とされ、成年後見人が付されます（同法8条）。

成年後見人は、本人の財産を管理し、かつ、その財産に関する法律行為について本人を代表しますので（同法859条1項）、成年後見人には、包括的に本人の財産を処分する権限が与えられています。したがって、成年後見人は、本人の不動産について、自らの判断によって売却できることになります。

ところで、成年後見の制度の目的は、事理弁識能力を欠く本人を保護することにあり、成年後見人は、本人の生活、療養看護および財産の管理に関する事務を行うにあたっては、本人の意思を尊重し、かつ、その心身の状態および生活の状況に配慮しなければなりません（同法858条）。居住環境の変化は、精神医学の観点から、本人の精神状況に大きな影響を与えますから、居住用不動産を売却する場合には、特に本人保護への配慮が必要です。そのために、民法は、<u>成年後見人が本人の居住用</u>

不動産を売却するに際しては、家庭裁判所の許可を要することとしています（同法859条の3）。売主の成年後見人が、成年後見開始の審判を受けている本人に代わって、その居住の用に供する建物またはその敷地を売却するには、家庭裁判所の許可を得なければならないのです。そうすると、このような物件は売物として市場に出回ることもなければ、売買対象として検討にあがったとしても、買えるかどうかも分からない物件を一般の方が買うという手続きに入るのは難しいと言えます。ここに、凹みがあるのであって、一等地の空き家が売買されずに放置される理由となっています。

### ✎ 民法

> （成年被後見人の意思の尊重及び身上の配慮）
> **第858条** 成年後見人は、成年被後見人の生活、療養看護及び財産の管理に関する事務を行うに当たっては、成年被後見人の意思を尊重し、かつ、その心身の状態及び生活の状況に配慮しなければならない。
>
> （財産の管理及び代表）
> **第859条** 後見人は、被後見人の財産を管理し、かつ、その財産に関する法律行為について被後見人を代表する。
>
> （成年被後見人の居住用不動産の処分についての許可）
> **第859条の3** 成年後見人は、成年被後見人に代わって、その居住の用に供する建物又はその敷地について、売却、賃貸、賃貸借の解除又は抵当権の設定その他これらに準ずる処分をするには、家庭裁判所の許可を得なければならない。

## (2) 必要な法的知識

　ここで裁判所の許可を要する「居住用不動産」にあたるかどうかは、本人の住民票があるかどうかなどの形式的な基準だけではなく、本人の生活実態が判断材料とされます。実際上、高齢者の場合、施設に入っていたり、病院に入院したりしていて、処分の時点では対象不動産に居住していないケースも少なくありません。

　居住用不動産とは、

> ○　本人の生活の本拠として現に居住している建物とその敷地
> ○　現在居住していないが過去に生活の本拠となっていた建物とその敷地
> ○　現在居住していないが将来生活の本拠として利用する予定の建物とその敷地

のいずれかに該当するものを言うとされており、現在居住していない不動産であっても、居住用不動産に該当する場合もあります。

　この点、居住用不動産売却が許可になるか否かは、㋐売却の必要性、㋑本人の生活や看護の状況、本人の意向確認、㋒売却条件、㋓売却後の代金の保管、㋔親族の処分に対する態度などの要素が判断材料となります。

> 　㋐売却の必要性については、多くの場合、生活費や療養看護費の調達目的で売却がなされますが、その場合には本人の財産状況として売却を必要とするのかどうかが問題と

されます。

　㋑**本人の生活や看護の状況**としては、入所や入院の状況と帰宅の見込み、**本人の意向確認**がなされます。帰宅する場合の帰宅先がどのように確保できるのかは、審理における重要な要素です。

　㋒**売却条件**も相当なものでなければなりません。

　㋓**売却代金**が本人のために使われるよう、売却代金の入金や**保管**についてもチェックされます。

　㋔本人の推定相続人など、**親族**が処分に対して反対していないかどうかも大事なポイントです。

　これら㋐〜㋔の要素を総合考慮し、成年後見人による恣意的処分でなく、本人保護に資すると判断された場合に、家庭裁判所による許可の裁判がなされることになります。

　なお、成年後見人が、家庭裁判所の許可を得ないで本人の居住用不動産を売却した場合には、売買契約は無効です。

## (3)　凹みの戻し方

　以上のような凹みですが、要するに、裁判所の許可を得れば問題なく売買できることになり、凹みは解消します。そこで、裁判所の許可をとることが至上命題となります。

　この点、ここでも、上記㋐〜㋔の要素のうち、㋐**売却の必要性**が最も重要視されます。裁判所は基本的に保守的です。強い必要性がなければ、許可は出しません。

　そこで、まずは、必要性を説得的に語るストーリー作りから始まります。ストーリー作りといっても、作り話をでっちあげるのではなく、実際の状況下で、裁判所に伝えるべき事項を分

かりやすく上申書に書き上げるのです。例えば、現在の自宅では本人の介護上、問題が多いこと（バリアフリー対応されていないとか、階段の上り下りが困難であるなど）、および介護施設に入所するにあたって自宅以外に資産がなく、親族の援助も難しいことを説得的に論証して、入所費用の念出には自宅売却以外に選択肢がないことを説明します。加えて、当該介護施設が本人の療養看護のうえで最も条件が合うことまで説明できるとよいでしょう。

　その他の要素としては、ウ**売却条件**が要注意です。買う側からすれば、少しでも安く買いたいと思うのが通常ですが、売主が成年被後見人の場合には、裁判所は売主に不利な条件で契約されようとしていないかを厳しくチェックすることになります。そこで、売買を成立させたいが、少しでも安く買いたいと思う買主の中で、コンフリクトが生じるのですが、ここでは客観的な資料が有効となります。具体的には不動産鑑定士の作成する鑑定評価です。鑑定評価は、鑑定士によってさまざまな金額に評価されますので、買主としては、裁判所を説得できる範囲で、できるだけ低い評価を出してもらうように奔走します。

　**第5章07**では、居住用不動産ではなく、ホテル用地の事例ではありますが、売主に成年後見人が選任されていて、凹みがあるがゆえに残っていた希少性の高い土地について、私が上記手法で仕入れをした例を紹介しています。

## コラム④　相対でエンドから買う

　私が不動産を購入するときにルールとしている1つに「相対でエンドから買う」というものがあります。

　相対とは、売主と買主が1対1で交渉する形態です。売主が買主候補を広く集めて、入札形式とする場合は参加しません。現在のように不動産価格が高騰している時代では、買主に競合がいると、物件の本来の価値以上の価格が付いてしまうことがあります。不動産取引はお見合いのようなものです。売主も買主も浮気せずに、1対1で交渉するのが誠実な取引です。

　また、エンドとはエンドユーザーのことですが、要は不動産業者が売主となっている物件は買わないということです。業者が売主という物件は、売主エンド→業者→買主エンドという流れで、業者が右から左に流すだけで利益を乗せています。業者には仲介に入ってもらうだけで、売主エンドから直接物件を買うようにすべきです。

# 04 瑕疵担保責任免責物件

## (1) 凹みの理由

　売主が宅建業者の場合で、古いビルやマンション等を売りに出している場合で、売買条件として「瑕疵担保責任免責」を希望しているケースを見かけます。築年数が古いので、多少なりとも瑕疵がある可能性があり、売買の決済後にそれについて責任を追及されるのは避けたいという心理です。

　買主からすれば、瑕疵担保責任を免責にする代わりに物件価格が安くなっていれば、ある意味お買い得と言えます。引渡し後、すぐに建物を解体して、建替えを想定している場合には、既存建物に瑕疵があってもあまり問題にはなりません。

　したがって、瑕疵担保責任免責という凹みがあっても気にならない買主にとっては、物件を安く購入できる機会となります。

　なお、前述の通り、瑕疵担保責任は、民法改正（2020年4月1日施行）により、契約不適合責任に改められます（改正民法562条ないし564条）。

## (2) 必要な法的知識

　では、民法で定められている瑕疵担保責任を免除することができるのでしょうか。

　この点、瑕疵担保責任について、民法では566条を準用する570条によって、瑕疵担保責任の期間について、買主が瑕疵を知ったときから1年以内に解除または損害賠償の請求をしなければならないと規定しています[※1]。ただし、瑕疵担保責任は任

意規定ですので、原則として、当事者の特約により責任の内容や瑕疵担保責任を負担する期間などを軽減することもできます。よって、瑕疵担保責任の免責は当事者間の特約で原則可能です。

### 📝 民法

> （売主の瑕疵担保責任）
> **第570条** 売買の目的物に隠れた瑕疵があったときは、第566条の規定を準用する。ただし、強制競売の場合は、この限りでない。
>
> （地上権等がある場合等における売主の担保責任）
> **第566条** 売買の目的物が地上権、永小作権、地役権、留置権又は質権の目的である場合において、買主がこれを知らず、かつ、そのために契約をした目的を達することができないときは、買主は、契約の解除をすることができる。この場合において、契約の解除をすることができないときは、損害賠償の請求のみをすることができる。
> 2 前項の規定は、売買の目的である不動産のために存すると称した地役権が存しなかった場合及びその不動産について登記をした賃貸借があった場合について準用する。
> 3 前2項の場合において、契約の解除又は損害賠償の請求は、買主が事実を知った時から1年以内にしなければならない。

ただし、免責特約を締結した場合であっても、売主が知っていながら告げなかった事実については責任を免れることはできません。

---

※1 民法改正により、買主は、瑕疵を知ったときから1年以内にその旨を通知するだけでよいことになります。

### ✏️ 民法

> （担保責任を負わない旨の特約）
> 第572条　売主は、第560条から前条までの規定による担保の責任を負わない旨の特約をしたときであっても、知りながら告げなかった事実及び自ら第三者のために設定し又は第三者に譲り渡した権利については、その責任を免れることができない。

　これに対し、宅建業法は、宅地建物取引の公正の確保および消費者保護の要請から、宅地建物取引業者が売主となって取引する場合の宅建業者の責任を重く定めています。

### ✏️ 宅建業法

> （瑕疵担保責任についての特約の制限）
> 第40条　宅地建物取引業者は、自ら売主となる宅地又は建物の売買契約において、その目的物の瑕疵を担保すべき責任に関し、民法（明治29年法律第89号）第570条において準用する同法第566条第3項に規定する期間についてその目的物の引渡しの日から2年以上となる特約をする場合を除き、同条に規定するものより買主に不利となる特約をしてはならない。
> 2　前項の規定に反する特約は、無効とする。

　宅建業法40条は、要するに、宅地建物取引業者が売主で、宅地建物取引業者でない者が買主である場合は、瑕疵担保責任について民法より買主に不利な特約をしてはいけないというのが「原則」だということです。
　ただし、以上は原則で「例外」が1つだけあり、瑕疵を担保

すべき責任に関し、民法に規定する期間についてその目的物の引渡しの日から2年以上となる特約だけは例外的に認められます。民法566条3項では、買主が事実を知ったときから1年以内に行使することになっており、逆に言えば、買主が瑕疵の事実に気付かなければ、引渡しから何年経過しても瑕疵担保責任は存続することになりますが[※1]、買主が瑕疵の事実を知ろうが知るまいが、売主が瑕疵担保責任を負う期間を引渡しから2年間のみとする特約は有効となるという意味です。

とはいえ、いずれにせよ、売主が宅建業者で、買主が宅建業者でないケースでは、瑕疵担保責任を免責とする特約はできないことになっています。

なお、この条項は消費者保護のための条項ですので、宅建業者同士の取引には適用されません（宅建業法78条2項）。

### ✏ 宅建業法

> （適用の除外）
> 第78条　（略）
> 2　第33条の2及び第37条の2から第43条までの規定は、宅地建物取引業者相互間の取引については、適用しない。

## （3）凹みの戻し方

当方が宅建業者でない場合でも、何とか「瑕疵担保責任免責」を条件とする物件を宅建業者から購入したいというケースでは、裏技があります。買主から、あえて売主の瑕疵担保責任を免責としたい理由は、そうでないと当該物件を売ってもらえ

---

※1　ただし、瑕疵担保による損害賠償請求権は引渡しから10年間の消滅時効にかかるとされています（最判平成13・11・27民集55巻6号1311頁）。

ない場合があるからです。

　前述のように、宅建業法78条2項から、買主が宅建業者であれば、売主が宅建業者であっても瑕疵担保責任を免責することができます。そこで、売主と買主の中間に宅建業者に入ってもらい、「売主→中間売主」と「中間売主→買主」という2本の売買契約を締結することで、第1取引の売主の瑕疵担保責任を免責することができます。

　このスキームでは、第2取引の中間売主→買主の間では瑕疵担保責任を免責することはできませんが、当初売主の瑕疵担保責任を免責することに主眼がありましたので（そうでないと物件を売却してもらえないのです）、よく使われる手法です。中間売主としては、買主から瑕疵担保責任を追及されるリスクを負う一方で、当初売主には責任追及できないわけですから、通常は利益を乗せて売買することになります。

　なお、契約は2本に分かれますが、登記は中間省略登記により、当初売主→買主へ直接移転する方法（第三者のためにする契約）をとることが一般的です。登録免許税や不動産取得税を二重に発生させないためです。

●図表 2-2　当初売主の瑕疵担保責任を免責するスキーム●

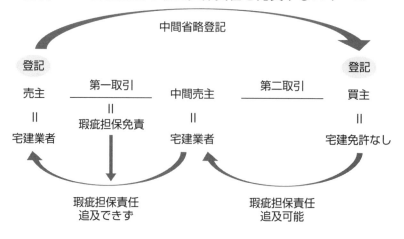

 **不動産は生もの　〜法廷での和解も不動産も時機を逃すな**

### 決断を先送り裁判の現場

　私は弁護士業務として案件を法廷に持ちこむこともあるのですが、民事事件の場合、どこかのタイミングで和解の話になることがしばしばです。多くの場合、裁判官主導で、裁判官の考える和解案について、一方の代理人弁護士の意見を聞いて（その間、相手方弁護士は待合室で待機します）、その次にもう一方の代理人弁護士に意見を聞きます。同じ期日に、このやりとりを交替で何度かしたうえで、何とか和解でまとまりそうになった場合でも、「最終的な決断は次回にさせていただきたい」という弁護士が結構います。依頼人の許可を得ていないため、最終確認する必要があるというのが理由なのですが、和解の気運が高まっているときには一気に和解で解決するのが王道です。相手方代理人が次回期日に「和解で大丈夫です」と回答しても、期日と期日の間で1か月ほどの時間が経過することもあり、こちらの依頼者の気が変わってしまうというリスクがあります。私たちは和解＝「生もの」と呼んでいますが、「次回までに」と言っているうちに賞味期限切れとなるリスクを覚悟すべきでしょう。

### 幻となった優良物件購入

　かくいう私も、先日不動産の購入で痛い目に遭いました。六本木で土地の紹介を受け、即断するほどの優良物件でしたので、すぐに買付を入れて売主側仲介会社とも契約日の調整を図っていました。売主がたまたま弁護士であったことから、同じ業界の私に買ってもらえることを喜んでいた

だいていたほどでした。ところが、その土地は確定測量が終わっていなかったので、決済後に測量を入れるとか、その測量費を誰がどう負担するのか等について協議しているうちに、大手ディベロッパーが本件土地の売買情報を察知して、私の購入金額を上回る買付を入れてきたのです。「同じ弁護士に買っていただいて光栄です……」と握手してきた売主さんも、あっさり大手との契約に切り替える決断をして、私は買うことができませんでした。不動産も「生もの」です。契約書を締結するまでは話が壊れることはよくあります。

# 05　借地権物件

## (1)　凹みの理由

　借地権付きの建物は、敷地の所有権付きの建物と比較して、価格が低くなります。土地が自分の所有ではないので当然です。まして、地主と借地権者とで揉めているとか、仲が悪いという状況では、なおさら価格は下がります。

　借地権付き建物の価格が下がる理由として、

> **凹み①**　そもそも土地を借りているだけなので、建物が朽廃・滅失したり、期間満了したりする時点で、場合によっては借地権自体が消滅してしまうリスクがあること
> **凹み②**　何をするにも基本的に地主の承諾が必要で、その際に都度承諾料がかかるのが通常であること
> **凹み③**　銀行融資が付きづらいこと

が挙げられます。

　地主と借地権者で揉めている場合には、**凹み②**が効いてきます。すなわち、借地権者が第三者に借地権を譲渡する場合などに地主の承諾が得られない場合には、借地権者としては借地非訟手続により裁判所の代諾許可を得なければなりません（借地借家法19条）。そうすると、借地権者はせっかく借地権の譲渡先が見つかっても、裁判所の許可が出ることを停止条件として

借地権の売却の契約を交わさなくてはなりません。また、通常、裁判に要する期間は6か月から1年ほどかかりますので、そのような建物を購入する買主は見つけにくくなります。

　さらに、譲渡承諾をしない地主は、当然建替えの承諾や借地条件の変更の承諾もしないのが通常ですので、借地人としては建替えの承諾の申立てや、借地条件変更の申立ても併合して裁判所に訴訟提起しなければならなくなります。

　これだけでも、地主の承諾がないと借地権を売却するのに困難を伴うのですが、地主の介入権（借地借家法19条3項。借地人が譲渡承認の申立てを裁判所にしたときに、地主が自ら借地権を買い取る旨の申立てをする制度。この申立てがされると原則として地主の介入権が認められ、第三者への譲渡許可は取得できなくなる）を行使されたら、借地権を譲渡できませんので、そのことも解除条件とした契約をしなくてはならなくなります。

　また、**凹み**③の銀行融資の件は重大です。銀行融資を受ける際に、銀行は、債権者として建物に抵当権を付けますが、その際に地主の承諾書の提出を借地権者に求めることが通常です。借地人としてはその承諾書(※)がないと銀行から融資が得られないのですから、地主の協力が必要です。ところが、地主とトラブルになっている借地人が、この承諾書を入手するのは困難です。ちなみに、この承諾は裁判所で代諾はできません。

　また、そもそも借地権物件を担保としては、一切融資しないという銀行も存在します。

　銀行融資を受けられない物件となると、買主は現金を持っている余裕のある人に限られてしまいます。

(※)承諾書には以下の内容が記載されます。

> ○ 借地権が抵当権の目的になることを承諾する
> ○ 銀行が抵当権を実行した場合は借地権も競落人に移転するが、その借地権の譲渡につきあらかじめ承諾する
> ○ 借地人が地代の不払いをしていれば地主が銀行に連絡をすることを承諾する
> ○ 借地人の地代不払いにより賃貸借契約を解除しようとするときはあらかじめ銀行に連絡をすることを承諾する

## (2) 必要な法的知識

借地権付建物の価格が下がる理由として前述した①②について、旧借地法、借地借家法がどのように規定されているのか紹介します。

### ① そもそも土地を借りているだけなので、建物が朽廃・滅失したり、期間満了したりする時点で、場合によっては借地権自体が消滅してしまうリスクがあること

(i) 存続期間

まず、借地借家法が施行されたのが1992年(平成4年)8月1日ですので、この日以前の契約であれば旧借地法(以下、本章において「旧法」と言います)が適用となり、この日以後の契約であれば借地借家法(以下、本章において「新法」と言います)が適用となります。

そして、借地権の存続期間について、旧法では、借地上の建物が鉄筋コンクリート造やレンガ造の「堅固建物」か木造

の「非堅固建物」かという、建物の構造によって存続期間が異なります。堅固建物の場合は最低30年、非堅固建物の場合は最低20年とされています。ちなみに、最初の契約時に期間を定めなければ堅固建物は60年、非堅固建物は30年となります。

また、更新の際の期間は、堅固建物で30年以上、非堅固建物で20年以上となり、これより短い期間を定めた場合はその期間は無効となります。無効となった場合、期間を定めなかったこととなり、堅固建物は30年、非堅固建物は20年の期間で契約を更新したこととなります。

## ✏️ 旧法

> 第2条　借地権ノ存続期間ハ石造、土造、煉瓦造又ハ之ニ類スル堅固ノ建物ノ所有ヲ目的トスルモノニ付テハ60年、其ノ他ノ建物ノ所有ヲ目的トスルモノニ付テハ30年トス　但シ建物カ此ノ期間満了前朽廃シタルトキハ借地権ハ之ニ因リテ消滅ス
> 2　契約ヲ以テ堅固ノ建物ニ付30年以上、其ノ他ノ建物ニ付20年以上ノ存続期間ヲ定メタルトキハ借地権ハ前項ノ規定ニ拘ラス其ノ期間ノ満了ニ因リテ消滅ス
>
> 第5条　当事者カ契約ヲ更新スル場合ニ於テハ借地権ノ存続期間ハ更新ノ時ヨリ起算シ堅固ノ建物ニ付テハ30年、其ノ他ノ建物ニ付テハ20年トス　此ノ場合ニ於テハ第2条第1項但書ノ規定ヲ準用ス
> 2　当事者カ前項ニ規定スル期間ヨリ長キ期間ヲ定メタルトキハ其ノ定ニ従フ

これに対して新法では、最初の借地契約の期間は30年以上と定められています。最初の借地契約を結ぶときには30年よりも短い期間に設定することはできませんが、逆に40年、50年と長い期間に設定することは可能です。最初の契約で地主と借地権者との間で20年の契約という約束を交わしたとしても、それは自動的に30年の契約という扱いになります。特に期間を定めなかった場合も同じです。

また、借地権更新の際には、1回目の更新時は20年以上、2回目の更新時は10年以上と最低期間の決まりがあります。更新時にこれより短い期間を定めた場合は「1回目の更新時は20年」「2回目の更新時は10年」となるため注意が必要です。

### 新法

(借地権の存続期間)
**第3条** 借地権の存続期間は、30年とする。ただし、契約でこれより長い期間を定めたときは、その期間とする。

(借地権の更新後の期間)
**第4条** 当事者が借地契約を更新する場合においては、その期間は、更新の日から10年(借地権の設定後の最初の更新にあっては、20年)とする。ただし、当事者がこれより長い期間を定めたときは、その期間とする。

(ii) 地主の更新拒絶

続いて、契約期間が満了するなどした場合に、借地人が契約を更新したいと希望した際に、更新できるのかという点です。賃貸借の期間満了にあたって、借地人から更新請求がなされた場合、あるいは借地人が土地の使用を継続する場合、地主としては、更新をさせないためには、遅滞なく異議を述べなければならず、その異議には正当の事由があると認められなければなりません（旧法4条1項、同6条、新法5条、6条）。ただし、旧法では、法定更新の場面で建物が存在しない場合には、地主が更新を拒絶するのに正当事由は不要です（旧法6条2項参照）。

また、法定更新の際に、旧法では建物の存在が要件となりませんが、新法では建物の存在が要件となっています（新法5条1項2項）。更新請求の場合は、旧法・新法ともに、建物の存在が要件となっています。

これらの関係を図にしたのが**図表2-3**です。

● 図表2-3 更新請求・法定更新 ●

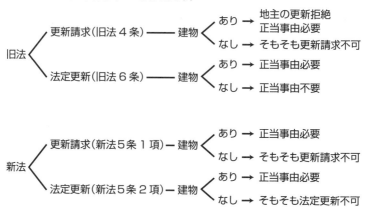

## 🖉 旧法

第4条　借地権消滅ノ場合ニ於テ借地権者カ契約ノ更新ヲ請求シタルトキハ建物アル場合ニ限リ前契約ト同一ノ条件ヲ以テ更ニ借地権ヲ設定シタルモノト看做ス　但シ土地所有者カ自ラ土地ヲ使用スルコトヲ必要トスル場合其ノ他正当ノ事由アル場合ニ於テ遅滞ナク異議ヲ述ヘタルトキハ此ノ限ニ在ラス

第6条　借地権者借地権ノ消滅後土地ノ使用ヲ継続スル場合ニ於テ土地所有者カ遅滞ナク異議ヲ述ヘサリシトキハ前契約ト同一ノ条件ヲ以テ更ニ借地権ヲ設定シタルモノト看做ス　此ノ場合ニ於テハ前条第1項ノ規定ヲ準用ス

2　前項ノ場合ニ於テ建物アルトキハ土地所有ハ第4条第1項但書ニ規定スル事由アルニ非サレハ異議ヲ述フルコトヲ得ス

## 🖉 新法

第5条　借地権の存続期間が満了する場合において、借地権者が契約の更新を請求したときは、建物がある場合に限り、前条の規定によるもののほか、従前の契約と同一の条件で契約を更新したものとみなす。ただし、借地権設定者が遅滞なく異議を述べたときは、この限りでない。

2　借地権の存続期間が満了した後、借地権者が土地の使用を継続するときも、建物がある場合に限り、前項と同様とする。

3　転借地権が設定されている場合においては、転借地権者がする土地の使用の継続を借地権者がする土地の

> 使用の継続とみなして、借地権者と借地権設定者との
> 間について前項の規定を適用する。
>
> （借地契約の更新拒絶の要件）
> **第6条** 前条の異議は、借地権設定者及び借地権者（転借地権者を含む。以下この条において同じ。）が土地の使用を必要とする事情のほか、借地に関する従前の経過及び土地の利用状況並びに借地権設定者が土地の明渡しの条件として又は土地の明渡しと引換えに借地権者に対して財産上の給付をする旨の申出をした場合におけるその申出を考慮して、正当の事由があると認められる場合でなければ、述べることができない。

　なお、旧法6条1項では法定更新が問題となるのは、「借地権消滅後」も借地権者が土地の使用を継続する場合として、期間満了による更新の場合に限定していません（新法では、5条2項で「借地権の存続期間が満了した後」として、法定更新となる場面を期間満了による場合に限定しています）。これは、後述するように、旧法では建物が朽廃した場合は借地権が消滅してしまうのですが（旧法2条1項ただし書）、その場合にも法定更新があり得るとする必要があったからと言われています。この点、新法では建物朽廃による借地権消滅の制度がなくなったため、新法5条2項では法定更新の場面をもっぱら存続期間満了に限定したのです。ここからの帰結として、新法では、合意解除、借地権放棄、あるいは借地権者の債務不履行にともなう地主の解除の場合は、法定更新の適用はないことが明らかになりました。

　次に、どのような場合に、更新拒絶（異議）に正当の事由

があると認められるのかが問題となります。旧法では、「土地所有者が自ら土地を使用することを必要とする場合その他の正当事由」と規定しています（借地法4条1項）。この条文からすると、地主が自ら土地を使用する必要性が重要であるようにも読めますが、そうではなく、「単に土地所有者側の事情ばかりでなく、借地権者側の事情をも参酌することを要し、たとえば、土地所有者が自ら土地を使用することを必要とする場合においても、土地の使用を継続することにつき、借地権者側がもつ必要性をも参酌した上、土地所有者の更新拒絶の主張の正当性を判定しなければならない。」（最大判昭和37・6・6民集16巻7号1265頁）とされています。そして、地主、借地人いずれの立場であっても、その土地を利用する必要性が最も重要であるとされ、住居、営業等の生計の維持に不可欠であるかどうか、土地の高度有効利用、立退料の提供の有無・金額、代替地の提供の有無、借地人の転居の不利益の程度、過去に信頼関係を破壊するような背信行為があったか否か等の事情を総合的に考慮して決められます。新法では、6条でそのことを明文化しました。

(ⅲ) **借地上の建物が朽廃や滅失した場合の借地権の行方**
　ア）旧法の場合
　　旧法の適用がある借地権の場合、「朽廃」による借地権消滅の制度があるので（旧法2条1項ただし書）、注意が必要です。裁判例によれば、朽廃とは「建物に自然に生じた腐食損傷等により、建物としての利用に耐えず、全体として建物としての社会経済上の効果効用を喪失した状態をいうものであり、部分的な廃損があるだけでは朽廃とはいえないし、通常の修繕によって従前の効用を全うし得る場合にも朽廃にはあたらない。」と解釈されています（東京地判平成21・5・7）。この朽廃に該当すると、法定存続期

間により30年ないし60年という借地期間があっても、その途中で建物が朽廃すれば、借地権は消滅します（最判昭和37・7・19民集16巻8号1566頁）。ただし、有効な約定存続期間がある場合には、適用はありません。旧法2条2項で、「前項の規定に拘わらず」に契約上の期間の満了によって消滅すると規定されているからです。

　以上の朽廃のほかに「滅失」という概念もあります。こちらは火災や地震によって建物が大きく破損してしまったり、完全になくなってしまったりすることを指します。この滅失に関しては、借地権がなくなることはありません。また、朽廃では借地権自体がなくなるので新しく建物を建築することもできませんが、滅失の場合は建物を再建築することが認められています。
　そして、旧法では、借地権消滅後に土地を使用継続する借地人が、建物を所有していなくても、地主が遅滞なく異議を述べないかぎり、法定更新することができます（旧法6条2項では、建物があるときは地主の異議には正当事由が必要と規定されていますので、建物がない場合の法定更新を前提としています）。

　また、借地上の建物が滅失した場合において、借地権者の存続期間を超える建物再築について、地主が遅滞なく異議を述べないと、旧法においては、従前の建物が滅失したときから堅固建物については30年、非堅固建物については20年の期間で法定更新されるものと定められています（旧法7条）。

### 旧法

> **第7条** 借地権ノ消滅前建物カ滅失シタル場合ニ於テ残存期間ヲ超エテ存続スヘキ建物ノ築造ニ対シ土地所有者カ遅滞ナク異議ヲ述ヘサリシトキハ借地権ハ建物滅失ノ日ヨリ起算シ堅固ノ建物ニ付テハ30年間、其ノ他ノ建物ニ付テハ20年間存続ス　但シ残存期間之ヨリ長キトキハ其ノ期間ニ依ル

イ）新法の場合

　他方で、新法では、「朽廃」による借地権消滅の制度を採用しませんでした。ただし、借地権の存続期間が満了した時点において、建物の存在を更新請求と法定更新の要件としています（新法5条1項2項）。建物が存在しない場合には、原則として更新はされませんので、借地人は要注意です（この場合、合意更新するほかありません。ただし、地主の妨害によって建物滅失後再築ができなかった場合には、建物不存在を理由に借地権者の更新請求権を否定することは信義則上許されないとした裁判例があります（最判昭和52・3・15判時852号60頁））。

　そこで、借地人としては、存続期間満了前に建物が滅失した場合は、建物を再築しようとします。そして、その再築が当初の存続期間中であれば、<u>再築について地主から承諾を得ている場合は新法7条1項で存続期間が延長されます</u>。承諾を得ていないときでも、<u>借地権者が存続期間中に建物を再築するのは自由ですが、期間満了の時点で契約の更新ができるのかという場面になります</u>（6条）。

問題は、新法6条の正当事由を判断するにあたり、地主の承諾なく建物を再築した事情を借地権者に不利な事情として考慮できるかです。同条の文言上「借地に関する従前の経過」に関する一事情として考慮できる余地がありますので、建物滅失の事情、建物再築の経緯、借地権者による地主の承諾を得るための努力とこれに対する地主の対応、借地権の残存期間等を総合的に考慮して、借地権者に有利または不利な事情として考慮すべきと解されています。逆に言えば、<u>地主の承諾なく再築したからといって、必ず更新拒絶されるわけではない</u>ということです。

　また、更新後に借地権者が建物を再築する場合には、承諾を得ている場合にはやはり存続期間延長となり（新法7条1項）、承諾がない場合には地主からの解約の問題となります（新法8条2項）。新法8条2項の地主による解約権は一種の法定解約権であり、旧法上は原則自由であった更新後の建物再築について、新法は、更新後の建物再築は地主の承諾を要することとして、承諾のない再築に対しては借地権を消滅させるというもので、借地権者にとっては極めて不利な規定と言えます。

　そこで、借地人が、残存期間超過の建物をどうしても建てたいというときは、裁判所の代諾許可を求めることができることにしました（新法18条）。これにより、借地人の保護をある程度図りました。

### 📝 新法

(建物の再築による借地権の期間の延長)
**第7条**　借地権の存続期間が満了する前に建物の滅失（借地権者又は転借地権者による取壊しを含む。

以下同じ。）があった場合において、借地権者が残存期間を超えて存続すべき建物を築造したときは、その建物を築造するにつき借地権設定者の承諾がある場合に限り、借地権は、承諾があった日又は建物が築造された日のいずれか早い日から20年間存続する。ただし、残存期間がこれより長いとき、又は当事者がこれより長い期間を定めたときは、その期間による。

（借地契約の更新後の建物の滅失による解約等）
**第8条** 契約の更新の後に建物の滅失があった場合においては、借地権者は、地上権の放棄又は土地の賃貸借の解約の申入れをすることができる。
2 前項に規定する場合において、借地権者が借地権設定者の承諾を得ないで残存期間を超えて存続すべき建物を築造したときは、借地権設定者は、地上権の消滅の請求又は土地の賃貸借の解約の申入れをすることができる。

● 図表2-4　朽廃と滅失 ●

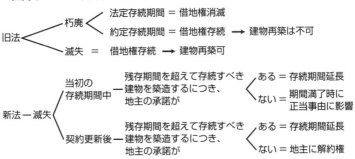

## ② 何をするにも基本的に地主の承諾が必要で、その際に都度承諾料がかかるのが通常であること

新法では、借地人において、

> (ⅰ) 事情の変更に伴い、当初の借地条件と異なる建物を建築する場合
> (ⅱ) 増改築を制限する特約がある場合に、通常の利用上相当な増改築をする場合
> (ⅲ) 借地契約の更新後に建物を再築する場合
> (ⅳ) 借地上の建物を第三者に譲渡する場合

には、地主の承諾が必要です。

　ところが、借地権者と地主とが疎遠であったり、不仲であったりする場合に、地主の承諾が得られないケースもあるでしょう。そのような場合に借地権者の増改築や譲渡を一切認めないこととすると、借地権者にとって極めて不都合であり、他方で地主にとってそれほど不都合がないケースもあり、これらに関する紛争を予防して、将来にわたり契約当事者の利害損失を調整すべき社会的要請があります。

　そこで、新法は、裁判所が地主の承諾に代わる許可を与える等の手続きを定めました（借地非訟手続）。借地人は裁判所に対し申立てを行い、裁判所は双方の事情などを考慮しながら許可の可否を判断します。また、許可を認める代わりに、地代の変更や財産上の給付（承諾料）支払を借地人に対して裁判所が命じるケースもあります。以下、具体的に見ていきます。

　（ⅰ）**借地条件変更の申立て**
　　借地契約の中には、その土地に建設できる建物の用途や構造について制限を設けている場合があります。借地人が条件

変更を地主に求め、合意すれば契約条件の変更が可能ですが、これを拒否された場合、借地人は裁判所へ借地条件変更の申立てを行うことができます。裁判所がこの申立てを相当と認めれば、借地条件変更の裁判が可能になります（新法17条1項）。

(ⅱ) **増改築許可の申立て**

借地契約には、借地に建てられた建造物の増改築を行う場合、地主からの承諾が必要なケースが多くあります。借地人が増改築を行いたいと地主に打診し、それが拒否された場合には、増改築許可申立を裁判所に対して行い、認められれば「土地所有者の承諾に代わる増改築の許可」の裁判が可能になります（新法17条2項）。

### 新法

（借地条件の変更及び増改築の許可）

第17条　建物の種類、構造、規模又は用途を制限する旨の借地条件がある場合において、法令による土地利用の規制の変更、付近の土地の利用状況の変化その他の事情の変更により現に借地権を設定するにおいてはその借地条件と異なる建物の所有を目的とすることが相当であるにもかかわらず、借地条件の変更につき当事者間に協議が調わないときは、裁判所は、当事者の申立てにより、その借地条件を変更することができる。

2　増改築を制限する旨の借地条件がある場合において、土地の通常の利用上相当とすべき増改築につき当事者間に協議が調わないときは、裁判所は、借地権者の申立てにより、その増改築についての借地権設定者の承諾に代わる許可を与えることができる。

> 3　裁判所は、前2項の裁判をする場合において、当事者間の利益の衡平を図るため必要があるときは、他の借地条件を変更し、財産上の給付を命じ、その他相当の処分をすることができる。
> 4　裁判所は、前3項の裁判をするには、借地権の残存期間、土地の状況、借地に関する従前の経過その他一切の事情を考慮しなければならない。
> 5　転借地権が設定されている場合において、必要があるときは、裁判所は、転借地権者の申立てにより、転借地権とともに借地権につき第1項から第3項までの裁判をすることができる。
> 6　裁判所は、特に必要がないと認める場合を除き、第1項から第3項まで又は前項の裁判をする前に鑑定委員会の意見を聴かなければならない。

### (iii) 借地契約の更新後の建物の再築の許可の申立て

借地契約の更新後に建物を再築するには地主の承諾が必要ですが、借地人がこの承諾を得ずに建物を再築すると、地主は借地契約を解除することができます（新法8条2項）。

したがって、借地権者は、借地契約の更新後に建物を再築する場合は、必ず地主の承諾もしくは承諾に代わる裁判所の許可を得なければなりません（新法18条）。

### ✏ 新法

> （借地契約の更新後の建物の再築の許可）
> 第18条　契約の更新の後において、借地権者が残存期間を超えて存続すべき建物を新たに築造することにつきやむを得ない事情があるにもかかわらず、借地権設

定者がその建物の築造を承諾しないときは、借地権設定者が地上権の消滅の請求又は土地の賃貸借の解約の申入れをすることができない旨を定めた場合を除き、裁判所は、借地権者の申立てにより、借地権設定者の承諾に代わる許可を与えることができる。この場合において、当事者間の利益の衡平を図るため必要があるときは、延長すべき借地権の期間として第7条第1項の規定による期間と異なる期間を定め、他の借地条件を変更し、財産上の給付を命じ、その他相当の処分をすることができる。
2　裁判所は、前項の裁判をするには、建物の状況、建物の滅失があった場合には滅失に至った事情、借地に関する従前の経過、借地権設定者及び借地権者（転借地権者を含む。）が土地の使用を必要とする事情その他一切の事情を考慮しなければならない。
3　前条第5項及び第6項の規定は、第1項の裁判をする場合に準用する。

(iv)　**土地賃借権譲渡または転貸許可の申立て**

　借地人が借地に建てられた建物を第三者へ譲渡（売却）する場合には、地主の承諾が必要であると民法612条1項には定められています。しかし、この承諾が得られない場合には、裁判所が相当と認めた後に「土地所有者の承諾に代わる許可の裁判」を受けることができるようになります（新法19条1項）。ただし、地主には介入権が与えられるため、上記にかかわらず裁判所が決めた価格で上記借地上建物（借地権）を第三者より優先的に買い取ることが可能です（同条3項）。

✏️ **新法**

（土地の賃借権の譲渡又は転貸の許可）

第19条　借地権者が賃借権の目的である土地の上の建物を第三者に譲渡しようとする場合において、その第三者が賃借権を取得し、又は転借をしても借地権設定者に不利となるおそれがないにもかかわらず、借地権設定者がその賃借権の譲渡又は転貸を承諾しないときは、裁判所は、借地権者の申立てにより、借地権設定者の承諾に代わる許可を与えることができる。この場合において、当事者間の利益の衡平を図るため必要があるときは、賃借権の譲渡若しくは転貸を条件とする借地条件の変更を命じ、又はその許可を財産上の給付に係らしめることができる。

2　裁判所は、前項の裁判をするには、賃借権の残存期間、借地に関する従前の経過、賃借権の譲渡又は転貸を必要とする事情その他一切の事情を考慮しなければならない。

3　第1項の申立てがあった場合において、裁判所が定める期間内に借地権設定者が自ら建物の譲渡及び賃借権の譲渡又は転貸を受ける旨の申立てをしたときは、裁判所は、同項の規定にかかわらず、相当の対価及び転貸の条件を定めて、これを命ずることができる。この裁判においては、当事者双方に対し、その義務を同時に履行すべきことを命ずることができる。

4　前項の申立ては、第1項の申立てが取り下げられたとき、又は不適法として却下されたときは、その効力を失う。

5　第3項の裁判があった後は、第1項又は第3項の申立ては、当事者の合意がある場合でなければ取り下

> げることができない。
> 6　裁判所は、特に必要がないと認める場合を除き、第一項又は第三項の裁判をする前に鑑定委員会の意見を聴かなければならない。
> 7　前各項の規定は、転借地権が設定されている場合における転借地権者と借地権設定者との間について準用する。ただし、借地権設定者が第３項の申立てをするには、借地権者の承諾を得なければならない。

## (3)　凹みの戻し方

(1)で述べた**凹み①**については、(2)で述べた法的知識を活用すれば、借地権を消滅させないように工夫することができるかもしれません。

すなわち、借地契約の期間が満了する場合でも、建物さえ存在すれば、旧法・新法問わず、地主の更新拒絶には正当事由が必要です（102頁、**図表２-３**参照）。そうであれば、借地権者としては、期間満了時点で建物は必ず保有するようにすべきです。

したがって、万一、建物が滅失した場合でも、借地権者は建物を再築すべきであり、新法適用物件で残存期間を超えて存続すべき建物を築造するのであれば、地主の承諾ないしは（更新後であれば）裁判所の代諾許可を得るようにすべきということです。

また、**凹み②**についても、(2)で紹介した借地非訟の申立てにより裁判所の代諾許可が得られれば解消します。とはいえ、地主に対する承諾料の支払が必要になってしまいますし、また、借地上の建物を第三者に譲渡する場合に、地主の協力が得られ

なければ、凹み③の銀行に対する承諾書面の問題は解決されません。

そこで、これらすべてを解決する方法として、底地について、借地権者が地主から購入することを検討すべきです。底地を購入すれば、借地人の持っている権利は完全所有権となりますので、凹みは当然なくなります。

凹みがあるがゆえに実際の価値よりも価格が低くなっている借地権を購入して、その後底地を買うことができれば、大きな利益を得ることができるでしょう。

借地権者が底地を手に入れるためには、以下の4つの方法（凹みの戻し方）が考えられます。

---

**戻し方①** 地主に対して、底地を売ってもらうように交渉する
**戻し方②** 土地を分筆して、底地と借地権を等価交換する
**戻し方③** 地主の底地と借地人の別の土地（更地）とを等価交換する
**戻し方④** 地主→底地買取専門業者→借地人と底地を売買してもらう

---

## 戻し方①　地主に対して、底地を売ってもらうように交渉する

この点、地主には、

- 借地権の凹みはあるものの、借地権は基本的に強い権利であり、借地権者が権利を行使する限り、通例では借地権は消滅しない

- 底地は相続評価が高い割には地代が安い
- 相続の納税資金が必要である

といった懸念があります。

したがって、地主としても、底地・借地の関係は解消したいと願うケースも多々あり、条件が合えば売却することに経済合理性を見出すものです。

そこで、まずは地主に対して、底地を売ってもらうように交渉すべきです。

## 戻し方②　土地を分筆して、底地と借地権を等価交換する

底地を売ってもらうことができない場合でも、土地を分筆して、底地と借地権を等価交換する方法もあります。土地の所有権を概ね1：1ないしは借地権割合にしたがって地主と借地人が分けます。地主が借地を分筆し、一方の底地を借地権者に譲渡し、他方の借地権を地主が譲り受けます。例えば、100坪の土地について借地権割合が60％だとすると、100坪の土地を60坪と40坪に分筆し、60坪分の底地を借地権者に譲渡し、40坪分の借地権を地主が譲り受けることになります。これにより、借地権者は60坪分の土地については完全所有者となります。ただし、敷地めいっぱいに建物が建っているケースでは、建物を分断するように土地を分筆してしまうと、結局底地・借地の関係は解消できませんので、そのようなケースでは建物を取り壊す前提で土地を分筆することになります。

## 戻し方③　地主の底地と借地人の別の土地（更地）とを等価交換する

土地を分筆すると狭くなってしまう等の理由で等価交換に前

向きになれない場合には、地主の底地と借地人の別の土地（更地）とを等価交換する方法もあります。地主が借地人へ底地を売却する際、代金を現金でもらわず、借地人が別に所有している土地があれば、土地を受け取るというものです。つまり、地主の底地と借地人の別の土地（更地）とを等価交換するのです。

　この点、地主が借地人へ底地を売却した場合、地主の側はその売却代金に応じた不動産譲渡所得に対して所得税がかかります。そして、この譲渡所得の計算にあたっては、土地の取得費が不明の場合には、譲渡対価の5％相当額のみが取得費として計上できるにすぎないので、地主には、底地の売却により多額の譲渡所得税が発生するのが一般的です。ところが、このような土地と土地の交換の方法をとれば、固定資産の交換の特例（土地や建物といった固定資産を同じ種類の固定資産と交換したときに、譲渡がなかったものと見なす制度）が使えますので、一定の要件を満たせば、譲渡益が発生しないものとして課税の対象外とすることができます。この節税効果を伝えて地主を説得します（詳しくは税理士にご相談ください）。

## 戻し方④　地主→底地買取専門業者→借地人と底地を売買してもらう

　以上のケースは、いずれも地主と借地権者が協力して底地借地関係を解消するものです。ところが、ケースによっては、地主と借地権者が不仲であるなど、両者で協力して解決できない場合もあります。

　そのような場合は、苦肉の策として、底地買取専門業者に地主に営業をかけてもらい、底地を買ってもらいます。そしてこの底地買取専門業者が借地人にこの底地を売却します。この場合、底地関係を解消したいと思っている地主にとっては、借地人に直接売却するのは心情的に抵抗がある場合でも、買取業者に対してであれば抵抗なく売却することができる場合がありま

す。地主としては、買取業者ではなく、借地人に直接売却するほうが高く売れるのですが、心理的抵抗があって、借地人に売却しないという地主は現にいます。

　ちなみに、地主が買取業者に売却するよくあるケースは、地主にとって借地人が多数いる場合です。こうした大地主に相続が発生して、相続税の納税のために急いでまとまった現金をつくらねばならないといった事情が生じた場合、すぐに現金で購入してくれる買取業者は貴重です。また、底地は時価よりも相続税評価額のほうが高いケースはよくありますが、これらの底地は急いで換金してしまうほうが相続税の節税面で有利になります。そうした場合、地主は、底地買取専門業者に安くてもいいからまとめ売りしてしまいます。そして、この専門業者は買い取った後、個々の借地人に個別に売却していくのです。地主を生産者、借地人を個人消費者に例えれば、この業者は小売店で、地主から底地をまとめて安く仕入れて、借地人へ個別に利益をのせて販売するというビジネスモデルです。

　したがって、地主の相続が近かったり、地主が他にも底地を保有しているケースでは、この方法を試してみる価値はあります。

　最後に、底地借地関係の解消として、地主と借地権者が共同で第三者に売却する方法もあります。通常は、底地だけとか、借地権だけとして売却すると、それぞれに凹みがありますので大幅にディスカウントされてしまうのですが、「底地と借地権を1セットとして＝更地として」売却すれば、ディスカウントされないで売却できます。

　**戻し方**①〜④の方法によって借地権者が底地を手に入れることができない場合は、借地権者は、地主に借地権を売却するか、もしく地主との共同売却によって投下資本の回収を図る方法があります。

# 06 境界が不明確な土地

## (1) 凹みの理由

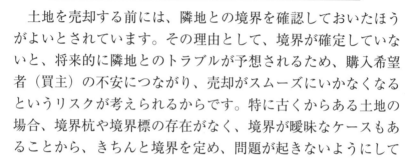

　土地を売却する前には、隣地との境界を確認しておいたほうがよいとされています。その理由として、境界が確定していないと、将来的に隣地とのトラブルが予想されるため、購入希望者（買主）の不安につながり、売却がスムーズにいかなくなるというリスクが考えられるからです。特に古くからある土地の場合、境界杭や境界標の存在がなく、境界が曖昧なケースもあることから、きちんと境界を定め、問題が起きないようにしておかないと、売却するにも買主が不安を抱きます。

　かといって、境界確定には費用と時間がかかります。確定測量に関して言えば、100万円前後の費用と半年以上という期間が1つの目安になります。境界確定は、とくに官民査定に時間を要します。対象地と官有地の境界が定まっていない場合は、官有地を管理している管理者の担当部署に対し、官民境界確定協議申請を行うことになります。その手続きは管理者により異なり、管理者によっては境界確定協議が成立するまでに数か月を要する場合もあります。

　こうした事情から、測量にかかる費用を売主が支払うことを条件に、売買契約や決済時には境界未確定のまま、買主のほうで最終的に境界を確定させる取引形態がとられることがあります。これは結構な凹みです。測量費だけ売主に負担してもらっても、後日、隣地所有者の方で立会いに応じてもらえない場合などに、各種法的手続をとる負担を買主が負うことになるので

す。こうした凹みがあることもあり、普通の人は境界未確定の土地を積極的に購入することはできず、その反射的効果として売買価格は低くなることが通常です。この凹みが気にならない人にとっては安く購入する機会です。

## (2) 必要な法的知識

### ① 境界の種類

境界には2種類あります。1つは、隣地所有者との境界で、「民民の境界」と呼ばれます。もう1つは市道、県道などの公道との境界で、「官民の境界」と呼ばれています。境界が確定している状態とは、民民も官民も両方の境界が確定していることを指します。しかし、民民の境界は確定しているが、官民は確定していないというケースが多いです。

### ② 境界の概念

境界は、法律上の境界と所有権の範囲を決める境界とで概念が異なります。

#### (i) 法律上の境界（筆界）

**法律上の境界**とは、土地の登記簿に記載されている土地同士の境のことであり、筆界とも言われます。最初に地番がつけられたときや、土地を分けたとき（分筆）、複数の土地を一緒にしたとき（合筆）に決められ、個人が勝手に変更することはできません。

法務局にある、地図や公図（地図に準ずる図面）、地積測量図に表されている境界線はすべて「筆界」を指しています。土地の登記簿に記されている「地積」は、筆界により定まる面積のことです。

筆界に関する紛争の解決は、**境界確定の訴え**によって行われてきました。加えて、近時、**筆界特定制度**が利用できるようになりました。

　**境界確定の訴え**とは、隣接する土地の筆界の位置に争いがある場合に、判決により筆界を確定することを求めて訴訟を起こすことで、「境界確定訴訟」とも言います。この境界確定の訴えに関しては、法律上の境界と所有権の範囲を定める境界のいずれを対象にしているかの争いがありますが、通説・判例は法律上の境界を定めるものであるとしています。そして、この境界確定の訴えは通常の訴訟とは異なる性質のもので、理論的には、訴えを提起する側で境界線を具体的に主張する必要はなく、裁判所も当事者の主張に拘束されず、裁判に現れたあらゆる事情から判断して境界を判示します（棄却はありません）。

　**筆界特定制度**とは、土地の所有者の申請に基づいて、筆界特定登記官が、民間の専門家である筆界調査委員の意見を踏まえて、現地における土地の筆界の位置を特定する制度です。筆界特定とは、新たに筆界を決めることではなく、実地調査や測量を含むさまざまな調査を行ったうえで、過去に定められたもともとの筆界を筆界特定登記官が明らかにすることです。
　この制度は、境界を巡る紛争を行政庁による迅速かつ合理的な筆界特定により解決するものですが、行政処分としての性質はなく、境界確定訴訟の判決が確定した段階で効力を失います。もっとも、境界確定訴訟においては、裁判所は筆界特定制度の記録の送付を嘱託できることから、筆界特定の結果は境界の位置に関する重要な証拠となります。

(ii) 所有権の範囲を決める境界（所有権界）

これに対し、**所有権の範囲を決める境界**（所有権界）とは、隣接している土地の所有者間で合意した境のことであり、「私法上の境界」とも言われます。それぞれの土地の所有者が合意すれば、自由に変更できます。

例えば、下図のように登記簿上の筆界では利用しにくい2つの土地A・Bがあった場合、土地の所有者同士で合意して、利用しやすいように、土地を売買あるいは交換すれば、所有権界が変わります。

●図表 2-5 筆界と所有権界●

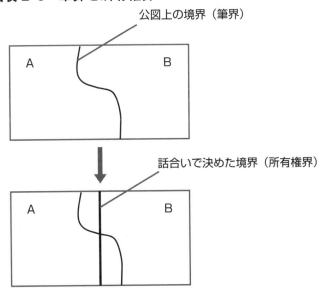

紛争の解決は、所有権の範囲を確認する所有権確認訴訟によって解決されます。所有権界は、個人の権利義務の争いですから、裁判所によって解決されるべきものであり、所有権確認訴訟においては、処分権主義や弁論主義が適用され、和解により解決することもできます。

## (3) 凹みの戻し方

境界が未確定であることが凹みですので、要するに境界を確定できればよいわけです。

### 戻し方① 立会いによる境界確定

まずは、立会いを拒否している隣地所有者に対しては、いきなり筆界特定制度等を利用するのではなく、立会いをすることの意義を説明して説得することです。立会いを拒否する理由は、境界確定の不安、境界確定の必要がない、境界に納得しないこと等と思われますので、公図、地積測量図、区画整理図、配分図、現況測量図等の資料を提示して境界位置が妥当なものであることを示します。既存の境界標があるのであれば、もちろんそれを示します。また、境界の立会いは後日の紛争防止のためにお互いにとって有意義なものであること、代理人を立ち会わせることも可能であること等も告げてあげるとよいでしょう。

測量図には、確定測量図と現況測量図があります。確定測量図は、敷地を取り巻く隣地の所有者が境界線と境界点について合意している測量図です。合意の証しとして測量図を添付した「筆界確認書」をつくります。筆界確認書がある確定測量図があれば、境界標がなくなっていても復元できます。

これに対して現況測量図は隣地の所有者の意思とは関係なく土地の所有者の主観に基づいて測量しただけで、境界標を改めて設置できません。

### 戻し方② 法的手続による境界確定

隣地所有者の立会いが拒絶されたり、合意できない場合には、(2)で紹介した筆界特定制度や境界確定の訴え（境界確定訴訟）を提起することになります。筆界特定の結果に不服があれば境

界確定訴訟を提起することもできますし、筆界特定の申請をせずにいきなり境界確定訴訟を提起することもできます。

また、当事者間の争いが所有権界の争いであれば、所有権確認訴訟を提起することになります。

したがって、境界紛争の内容が筆界の確認の話なのか、所有権界の確認の話なのかを見極めて、適切な手続きをとる必要があります。例えば、単に隣地との境界が明らかでないという場合は筆界の確認であり、一方、隣地の所有者が自分の土地内と称して建物をはみ出して建てている場合は所有権界の確認となります。

## 戻し方③　筆界と所有権界の一致

筆界と所有権界が一致しない場合、当事者間の所有権の合意は第三者を拘束しないので、後に当該土地が売買された場合、買主との間で、売主の担保責任や錯誤が問題となり得ます。したがって、所有権界が決まった際に筆界とずれている場合は、筆界を所有権界に合わせるべく、両土地を合筆し、新たに所有権界に沿って分筆し、登記する必要があります。

例えば、**図表２-６**のような土地Ｘと土地Ｙの筆界が点Ａ・Ｂを結ぶ直線であり、甲と乙の所有権界が点Ｄ・Ｃを結ぶ直線で確定した場合、土地Ｘを点Ｄ・Ｃを結ぶ直線により分筆登記をして、点Ａ・Ｂ・Ｃ・Ｄ・Ａで順次囲まれた土地について甲から乙へ所有権移転登記を行うことになります。

この場合、土地Ｘの所有者甲が判決などに応じて、速やかに分筆登記を申請して、所有権移転登記申請に協力してくれればよいのですが、甲が何ら行わないときには、乙は判決を代位原因として、所有権移転登記請求権に基づく債権者代位権を行使することにより、甲に代わって土地Ｘの分筆登記を行うことになります。

● 図表 2-6　筆界と所有権界の一致 ●

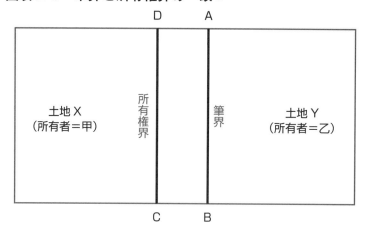

　以上のように、境界未確定の場合でも、必要な手順を踏んでいけば、確定できないということはおよそありません。したがって、境界未確定の土地は、一般の方が手を出しづらいがために価格が相場より下がることになりますが、このような手順が面倒でない人にとってはお買い得と言えます。

# 心理的瑕疵物件

## (1) 凹みの理由

賃貸物件の中には、室内で賃借人が自殺してしまうことがあります。ときには、室内で殺人等の事件が起こることもあるでしょう。このように、物件内で問題が起こった場合、物件が「事故物件」扱いとなってしまいます。室内で人が死亡したということになると、通常買主や借主は、そういった物件を利用・購入したいとは思いません。そこで、このような事情のことを、「心理的瑕疵」と言います。自殺者が出ていても、実際に住むのに障害があるわけではありませんが、心理的に「住みたくない」と思ってしまう事情なので、「心理的瑕疵」と言うわけです。

こういった心理的瑕疵がある場合、購入者や借主は、そういった事情を知っていたら契約をしないという判断をすることが多いので、判断材料を適切に与えるため、物件の所有者は契約相手に対し、事故物件であることとその内容を説明しておく義務を負うことになります。このような、物件所有者による契約相手への説明義務のことを、「告知義務」と言います。

告知義務を怠り、説明をしなかった場合には、契約後、契約相手から損害賠償請求をされたり契約を解除されたりするおそれがあります（東京地判平成20・4・2など）。

したがって、心理的瑕疵物件には、告知義務があるがゆえに物件を貸しづらい・売りづらいという凹みがあるのです。

## (2) 必要な法的知識

心理的瑕疵物件の場合、具体的にどのようなケースで告知義務が発生するのかが問題です。

これについては、明確な法律上の基準があるわけではありませんが、事故や事件の内容や、それが物件利用者の心理に与える影響の程度などを考慮して、個別に決定されています。

具体的には、物件内で自殺者が出た場合、殺人などの事件が起こった場合などには、告知義務が発生すると考えられています。他に、不審死や変死、火災による焼死や病死後長期間が経ってから発見された場合にも、心理的瑕疵があると考えられるので、告知義務が発生します。

これらの場合に対し、例えば、自然死してすぐに発見された場合や、入居者が通勤中に事故に遭って死亡した場合、物件内で体調が悪くなって病院に運ばれて、搬送先で死亡した場合などには告知義務は発生しません（東京地判平成18・12・6、東京地判平成21・6・26など）。

また、同一マンションの隣の部屋で事件が起こった場合には、告知義務が発生しますが、それ以外の部屋で事件が起こった場合には告知義務が発生しないと考えられています。マンション屋上で飛び降り自殺があったとき、個別の部屋を賃貸する際の告知義務は発生しません。

心理的瑕疵に対する告知義務には、期間もあります。いったん自殺等の事故が起こっても、その後期間が経過すると、次の入居者の心理に対する影響も小さくなると考えられるからです。

そして、告知義務の期間についても、個別のケースによって判断されているのが現状です。

賃貸物件の場合、部屋内で自殺が起こった場合には、概ね2～3年程度までは告知義務があると考えられており、実務上で

もそういった運用が行われています。

　売却物件の場合、物件内で自殺が起こったときには、5～6年程度までは告知義務があると考えられています。賃貸よりも売却のほうが、契約相手に対する影響が大きいと考えられるためです。

　自殺ではなく他殺の場合には、さらに告知義務の期間が長くなると考えましょう。

　賃貸物件の場合、事件や事故が起こった後の入居者が退去するなど、何度か賃借人が入れ替わることになります。そして、入居者が変わると、告知義務がなくなると考えられています（東京地判平成19・8・10）。賃貸物件の場合、例えば自殺が起こった後、次に貸すときには事件内容を告知しなければならないけれども、いったん誰かが入居したら、その次の人にまでは自殺のことを告げる必要がなくなる、ということです。

　以上のように、心理的瑕疵に対する告知義務は、時間が経過したり、いったん人が入居したりするとなくなると考えられていますが、必ずしも一律の基準によって判断されるわけではないので、注意が必要です。

　賃貸の場合に2年が経過しても告知義務がないとは限らず、3年の経過が必要と判断した裁判例もあります。また、一時的に入居者を入れても、その入居期間が極端に短ければ、やはり告知義務違反を免れることは難しくなります。

## (3)　凹みの戻し方

　心理的瑕疵があるがゆえに一般の方が購入しにくい物件は、価格が安くなっています。しかしながら、そのような物件には、一見心理的瑕疵があるように見えても、告知義務まではないと

いう物件も存在します。したがって、心理的瑕疵があるように見えるものの告知義務まではないとの見極めができれば、凹みを戻すことができますので、買いの機会となります。

では告知義務の有無はどのように判断すればよいでしょうか。これについては明確な基準がないことは前述の通りですが、売買については**図表2-7**のように整理することができます。

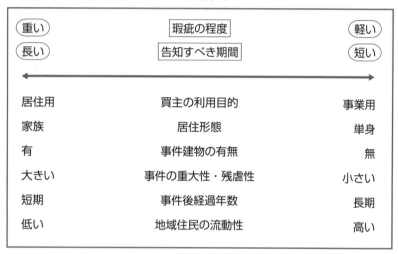

●図表2-7　心理的瑕疵の告知義務●

| 重い | 瑕疵の程度 | 軽い |
| 長い | 告知すべき期間 | 短い |
| 居住用 | 買主の利用目的 | 事業用 |
| 家族 | 居住形態 | 単身 |
| 有 | 事件建物の有無 | 無 |
| 大きい | 事件の重大性・残虐性 | 小さい |
| 短期 | 事件後経過年数 | 長期 |
| 低い | 地域住民の流動性 | 高い |

（RETIO.2011.7 NO.82 119頁より一部修正）

心理的瑕疵について一般的基準がないことから、不動産仲介業者は、えてして過剰に告知しがちです。しかし、買主・賃借人保護のためとして、時の経過等により心理的瑕疵が消滅した事件、あるいは本来心理的瑕疵に該当しない事件まで告知がなされ、結果、事件のあった不動産の売買価格や賃料が下がり、ひいては事件当事者のプライバシーが侵害されるというのは本末転倒です。

ですので、告知義務の適用を厳格にし過ぎることなく、告知義務の必要がない物件についてまで心理的瑕疵として告知されているような物件については、割安に買ったうえで、告知しないという英断をすることが求められています。それにより、凹みが戻ることにもなります。

## コラム⑥ 不動産投資はインカム狙いか？キャピタル狙いか？

　不動産投資であげる利益には、インカムゲインとキャピタルゲインがあります。前者は主に賃料収入であり、後者は売却益です。投資家として、どちらを狙うべきなのでしょうか。

　私の結論はこうです。

**「含み益が十分に出ている物件について、売却するか、そのまま保有するかについては、次に買うべき物件があるかどうかによる。」**

　当該含み益が出ている物件については、そのまま保有しようと、売却しようと、いずれでも変わりません。含み益というのは、その物件の数年先のインカムゲインを先取りしているだけです。他に投資すべき物件があるのであれば、それを売却して先取りを確定して、その資金で他の物件に投資することで、レバレッジが効いた投資ができます。

　特に他に投資するものがなければ、無理に将来のインカムゲインを先取りして現金化しても、低利で預金するのであれば意味がありません。所有者が法人ではなく個人で、かつ取得後5年以内の売却であれば、譲渡所得税が高額になりますので、お勧めしません。

　なお、今が物件価格のピークで、数年経過すると値下がり必至ということであれば、売却してもよいでしょう。

# 第3章

## 法的知識を駆使した
## バリューアッド型投資

# 01 バリューアッドの方法論

## (1) バリューアッドの最たるものは開発行為

　開発型の不動産投資の検討過程は**第1章の02 攻めの不動産投資（オポチュニティ型）の検討過程**である程度紹介しましたが、以下に、土地購入後の一連の流れを整理します。

　まず、業者Ａは、都心部の好立地に存在する築古の木造アパートや古ビルについて、建物付・賃借人付で持主から購入します。そして、業者Ａは、賃借人を退去させて、場合によっては隣地を買い増しして、まとまった面積の土地を素地（更地前提の建物付土地）として業者Ｂに売却します。業者Ｂは、建物を解体してマンションなどを建築してテナントをつけた後、投資家Ｃに売却します。このケースで一番利幅が大きいのは業者Ｂです。業者Ｂはディベロッパーと呼ばれ、三井不動産、三菱地所、住友不動産などがその代表格です。

　ディベロッパーによるこのような開発行為は、バリューアッドの最たるものです。開発前と開発後で、同じ土地の価値が大きく変わります。大型の商業ビルや新築で利便性の高いマンションとなることで、貸付面積も賃料単価も大幅に上がります。

　ちなみに、業者Ａはオポチュニティ型の投資によりそれなりの利益を上げることができますが、大型の開発行為でバリューアッドする業者Ｂ（上記大手ディベロッパー）に比べれば、やや利幅は小さいです。投資家Ｃの投資はコア型ですので、ローリスク・ローリターンとなります。

　大手ディベロッパーが手掛けないような中小規模の開発行為

であれば、1社で土地の仕入れから開発まで行うことで、大きなリターンを得ることができるでしょう。

## (2) その他のバリューアッドの方法論

開発行為以外で、当該不動産の価値を上げるためには、

```
① 賃料収入を増やす
② 支出を減らす
③ 本来入るべき賃料が確実に入るようにする
```

ことが必要です。

そのうち、①賃料収入を増やすには、

```
①-㋐　貸付面積を増やす
①-㋑　賃料単価を上げる
①-㋒　賃料以外の名目で収入を確保する
```

という3つの方法が考えられます。

まず、①-㋐**貸付面積を増やす**ためには、その土地で建築できる面積を最大化する必要があります。法は、さまざまな理由で容積率を制限するうえ、道路斜線等により建物の高さ制限を課すことで、建築できる延床面積を少なく抑えているケースがあります。そこで、以下の手法で延床面積や専有面積を最大化することで貸付面積を増やします。

- 隣地を買い増しして、前面道路の幅員による容積率の制限を免れる
- 地下住戸や車庫を利用して、その部分を容積から除外する
- 長屋を建築することで、建築基準法が特別に扱う「特殊建築物」による制限を免れ、かつ、専有面積も広く確保する

次に、①-㋑**賃料単価を上げる**ためには、

- 賃料の増額請求による
- 特約で自動的に賃料が増額されるようにする
- ペット飼育可とする
- 定期借家契約を活用する
- 民泊で運営する

等の方法があります。

同様に、①-㋒**賃料以外の名目で収入を確保する**方法として、

- 敷金の一部を返還しないようにする
- 礼金を収受する
- 更新料を収受する
- 消費税を賃借人負担とする
- 違約金を定めておく

等があります。

また、②**支出を減らす**には、

- 修繕費の一部を賃借人負担とする
- 通常損耗に基づく原状回復費用の一部を賃借人負担とする
- 賃借人に有益費償還請求権や造作買取請求権を行使させない

等の方法があります。

最後に、③**本来入るべき賃料が確実に入るようにすること**とは、

- 賃料を減額しない特約を締結する
- 中途解約させない。もしくは、中途解約の場合の違約金を定める

等の方法によります。

以下、順に解説していきます。

# 02 賃料収入を増やす

## (1) 貸付面積を増やす

### ① 隣地を買い増しして、前面道路の幅員による容積率の制限を免れる

容積率とは、敷地に対する建物の延べ面積（延床面積）の割合を言います。

計算式は、

容積率＝(延べ面積)／(敷地面積)

となります。

容積率は、**図表3-1**の通り、都市計画で割合が定められています。

● 図表3-1　都市計画で定める容積率 ●

| 地域・区域 | 原　則 |
|---|---|
| 第1種低層住居専用地域<br>第2種低層住居専用地域 | 5/10・6/10・8/10・10/10・<br>15/10・20/10<br>のうち都市計画で定める割合 |
| 第1種中高層住居専用地域<br>第2種中高層住居専用地域<br>第1種住居地域<br>第2種住居地域<br>準住居地域<br>近隣商業地域<br>準工業地域 | 10/10・15/10・20/10・<br>30/10・40/10・50/10<br>のうち都市計画で定める割合 |
| 工業地域<br>工業専用地域 | 10/10・15/10・20/10・<br>30/10・40/10<br>のうち都市計画で定める割合 |
| 商業地域 | 20/10・30/10・40/10・<br>50/10・60/10・70/10・<br>80/10・90/10・100/10・<br>110/10・120/10・130/10<br>のうち都市計画で定める割合 |
| 用途地域の指定のない区域 | 5/10・8/10・10/10・20/10・<br>30/10・40/10<br>のうち特定行政庁が定める割合 |

　ところが、この容積率は、前面道路の幅員により制限されることがあります。
　前面道路の幅員が12メートル未満である建築物の容積率は、下記計算で算出した容積率についても、容積率の上限として満たさないといけません。
　つまり、「都市計画で定める容積率」と「前面道路の幅員による容積率」の小さいほうが上限となります（前面道路が2つ以上ある場合は、道路幅の広いほうで計算できます）。

> 前面道路の幅員による容積率の計算式
> 『 道路の幅員（m） × 法定乗数 』

法定乗数は、

> 建築物が住居系の用途地域内にある場合：4／10
> 建築物の住居系以外（商業系や工業系）の用途地域内にある場合：6／10

です（ただし、特定行政庁が指定する地域では数字が変わる場合があります）。

　例えば、前面道路4メートルに接する近隣商業地域内の敷地（都市計画で容積率400％と定められているとします）に建物を建築する場合の前面道路の幅員による容積率を計算すると、

> 4×6／10＝24／10 （＝240％）……①

となります。
　そして、この近隣商業地域内の敷地の都市計画で定める容積率が、

> 40／10……②

であれば、①と②のうち小さいほうである「24／10」が適用され、建築する建物の容積率は「24／10」以下でなければなりません。
　これが前面道路の幅員による容積率の制限です。
　この制限をなくすことができれば、都市計画通りの容積率を

めいっぱい使うことができますので、貸付面積も増えることになります。

では、前面道路の幅員による制限をなくすにはどうすればよいでしょうか。

それは、隣地に目を付けることです。**図表3-2**のような敷地関係のケースでは、土地Aは容積400％のところが240％に制限されていますが、土地Bを自己の敷地とできれば、土地A・Bの前面道路は道路幅の広い8メートルのほうとなりますので、以下の計算式により容積率は400％となります。

●図表3-2　隣地を意識した敷地関係●

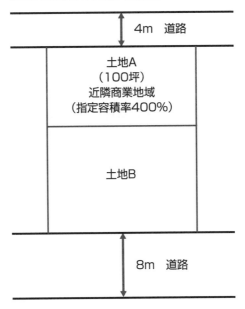

8m×6／10＝48／10（＝480％）＞400％

これにより、土地Aで建物を建築する場合の延床面積は、

$$100 坪 \times (400 - 240)\% = 160 坪$$

の増床となります。

仮に延床面積に対する賃料坪単価が2万円とすると、月額320万円の収入増となります。

隣地を買い増しできるとは限りませんが、以上の視点で隣地を購入すると、元の土地（土地A）の価値が飛躍的に上昇するということは明らかです。したがって、土地Bの所有者が土地を売却したいというときには、まずは土地Aの所有者に話を持ちかけます。第三者よりも高く買ってもらえる可能性があるからです。

よく、「土地を売るなら、まずは隣人に」と言われる理由の1つです。

## ② 地下住戸や車庫を利用して、その部分を容積率から除外する

延べ面積に算入しないものとして、「住宅の地下の容積率緩和」と「車庫の容積率不算入」はよく使います。

### （i） 住宅の地下の容積率緩和

住宅の地下の容積率緩和を受けるためには、その部分が以下の条件を満たすことが必要です。

ア）地階であること
　・床が地盤面下にあるような階であること
　・床から地盤面までの高さが、床から天井までの高さの3分の1以上であること
　（建築基準法施行令1条2号）
イ）地盤面から地階の天井が1メートル以下であること
ウ）住宅の用途に供されていること

●図表3-3　地下住戸の容積率緩和●

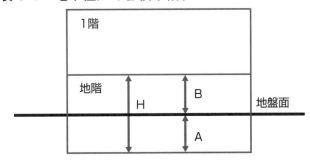

ア）A≧H／3　かつ　イ）B≦1m

　そして、容積率緩和を受けられる地階の住宅の床面積の上限は、住宅の延べ面積の3分の1となります。
　例えば、すべてが住宅の用途で、地上2階、地下1階の各階の床面積が同じなら、地階の床面積はすべて容積率算定の延べ面積から除かれることになります

●図表3-4　各階の床面積●

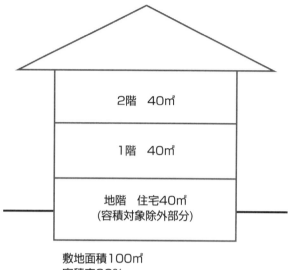

　これにより、地階をつくらない場合よりも延床面積が40平方メートル増えることになります。

(ⅱ)　ガレージの容積率不算入
　車庫については、延べ面積の5分の1を上限に、延べ面積から除外して計算します(同施行令2条1項4号、同条3項)。

敷地面積300㎡、全体延床面積200㎡

の場合、容積率は、

200㎡÷300㎡×100＝66.66%

となりますが、車庫をつくる場合、以下のように容積率算定の延べ面積が減りますので、よりボリュームの大きい建物と

することができます。

　例えば、

> 敷地面積300㎡、全体延床面積200㎡（車庫部分の床面積30㎡を含む）

の場合、容積率不算入とできるのは、全体延床面積（200㎡）の5分の1（40㎡）なので、車庫の床面積（30㎡）すべてを除外して計算します。
　つまりこの場合の容積率の計算は、

> （200㎡（延床全体）－30㎡（車庫））÷300㎡（敷地）×100＝56.66％

となります。

　また、

> 敷地面積300㎡、全体延床面積200㎡（車庫部分の床面積50㎡を含む）

の場合、容積率不算入とできるのは、全体延床面積（200㎡）の5分の1（40㎡）なので、車庫の床面積（50㎡）のうち「40㎡」だけを除外して計算します。
　つまりこの場合の容積率の計算は、

> （200㎡（延床全体）－40㎡（車庫の一部））÷300㎡（敷地）×100＝53.33％

となります。

　以上のように、建物に地階や車庫を設けることで、容積率に余りが出ますので、全体の延床面積を増やすことができます。地階も車庫も賃料発生の源となりますので、積極的に活用していくべきです。

## ③　長屋を建築することで、建築基準法が特別に扱う「特殊建築物」による制限を免れ、かつ、専有面積も広く確保する

　アパート・マンションなどの「集合住宅」は、法律上2種類に分かれています。「共同住宅」と「長屋」です。どちらも複数の世帯が1つの建物に集まって住むものですが、違いは共用部があるかないかです。共用部とは、共同で使う玄関やエントランスホール、廊下、階段などのことを言います。「共同住宅」にはこれがありますが、「長屋」にはこうした共用部がなく、各住戸が道路に対してそれぞれの玄関をもっています。

　長屋は、以下の理由から貸付面積を増やすことが可能です。

| |
|---|
| （ⅰ）共用部がない |
| （ⅱ）特殊建築物にあたらない |
| （ⅲ）窓先空地が不要なケースが多い |

### （ⅰ）共用部がない

　共用部はそれ自体で賃料を発生するものではありません。もちろん共用部が充実している方が賃料は高くなりますが、豪華な共用部が売りのタワーマンションでもない限り、共用部がなくても、専有面積が広い方が賃料は高くなります。そうすると、限られた延床面積の中で、共用部がなく、専有面

積を多く確保できる長屋は賃料が増えることになります。

　この点、そもそもマンションの共用部は容積率に算入しないことになっています。そうすると、共用部があっても容積に算入されないのであれば、専有面積が減らされる関係にはないとも思えます。しかし、土地には建蔽率（敷地面積に対する建築面積の割合）が定められていますので、共用部があると、1フロアあたりの専有面積は減ってしまいます。また、道路斜線等で建物の高さが制限されると、容積を使い切れないケースが多々ありますが、その場合は共用部があると、その分だけ専有面積が減る関係にあります。

　したがって、共用部がない長屋では、基本的に専有面積を広く確保することができて、その分賃料収入を増やすことが可能です。

### (ii) 特殊建築物にあたらない

　長屋は共用部がないので、人が1つの建物内に共同して住むという意味では「集合住宅」ですが、独立性の高いことが特徴です。各戸が独立した玄関を持ち、道路に出やすいことから、緊急時の避難などもしやすい構造です。

　そのため建築基準法が特別に扱う「特殊建築物」に含まれません。

　特殊建築物とは建築基準法2条2項で定められている建築物のことで、学校、体育館、劇場、展示場、百貨店、旅館、共同住宅、工場などが特殊建築物にあたりますが、長屋は「不特定または多数の者が使用、就寝する」という定義に法律上はあてはまらないのです。

　このように長屋は「特殊建築物」ではないことから、建築に際して厳しい規制を受けません。一例として、道路から細い路地を進んだ奥に広がる「旗竿敷地」のような土地（**図表**

3-5）では、例えば東京都では、共同住宅などの特殊建築物は原則として建てられないと決められています。ところが、路地の幅と長さには決まりがありますが、長屋であれば建築が可能です。

●図表 3-5　旗竿地●

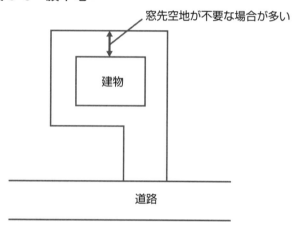

旗竿敷地には、戸建てくらいしか建築できませんが、長屋であれば、賃料を稼ぐことができる建物を建築することができるのです。

(iii) **窓先空地が不要なケースが多い**

東京都や横浜市では火災のときの避難をしやすくするために、共同住宅の敷地のうち、1階の住宅の窓の先には数メートル幅の空地を設け、火災時などの避難路とすることを求めています。しかし、長屋はこの規定にもあてはまりません（**図表 3-5** 参照）。

そのため、長屋では各住戸の面積を広くつくることが可能となり、賃貸面積が増えることになります。

ただし、本書籍執筆時点で、大規模重層長屋について、東京都が規制強化に乗り出す可能性があります。敷地内の通路幅を現行よりも広げ、火災時などの避難安全性を確保するべく、都の建築安全条例を改正する方針ですので、その行方に要注目です。

## (2) 賃料単価を上げる

### ① 賃料の増額請求

賃貸借契約締結時は、相応な賃料の範囲にあったとしても、賃貸借契約締結後、賃貸期間中に賃料相場が上昇することはあり得ます。その場合に賃料を上げることができれば、バリューアッドしたと言えるでしょう。

この点、借地借家法11条1項は、「地代又は土地の借賃（以下この条及び次条において「地代等」という。）が、土地に対する租税その他の公課の増減により、土地の価格の上昇若しくは低下その他の経済事情の変動により、又は近傍類似の土地の地代等に比較して不相当となったときは、契約の条件にかかわらず、当事者は、将来に向かって地代等の額の増減を請求することができる。」と定め、借地借家法32条1項は、「建物の借賃が、土地若しくは建物に対する租税その他の負担の増減により、土地若しくは建物の価格の上昇若しくは低下その他の経済事情の変動により、又は近傍同種の建物の借賃に比較して不相当となったときは、契約の条件にかかわらず、当事者は、将来に向かって建物の借賃の額の増減を請求することができる。」と定めています。

つまり、土地および建物のいずれであっても、賃貸借契約中に賃料の増額請求が可能です。

## 借地借家法

（地代等増減請求権）

第11条　地代又は土地の借賃（以下この条及び次条において「地代等」という。）が、土地に対する租税その他の公課の増減により、土地の価格の上昇若しくは低下その他の経済事情の変動により、又は近傍類似の土地の地代等に比較して不相当となったときは、契約の条件にかかわらず、当事者は、将来に向かって地代等の額の増減を請求することができる。ただし、一定の期間地代等を増額しない旨の特約がある場合には、その定めに従う。

2　地代等の増額について当事者間に協議が調わないときは、その請求を受けた者は、増額を正当とする裁判が確定するまでは、相当と認める額の地代等を支払うことをもって足りる。ただし、その裁判が確定した場合において、既に支払った額に不足があるときは、その不足額に年1割の割合による支払期後の利息を付してこれを支払わなければならない。

3　地代等の減額について当事者間に協議が調わないときは、その請求を受けた者は、減額を正当とする裁判が確定するまでは、相当と認める額の地代等の支払を請求することができる。ただし、その裁判が確定した場合において、既に支払を受けた額が正当とされた地代等の額を超えるときは、その超過額に年1割の割合による受領の時からの利息を付してこれを返還しなければならない。

（借賃増減請求権）

第32条　建物の借賃が、土地若しくは建物に対する租税その他の負担の増減により、土地若しくは建物の価格の上昇若しくは低下その他の経済事情の変動に

> より、又は近傍同種の建物の借賃に比較して不相当
> となったときは、契約の条件にかかわらず、当事者
> は、将来に向かって建物の借賃の額の増減を請求する
> ことができる。ただし、一定の期間建物の借賃を増
> 額しない旨の特約がある場合には、その定めに従う。
> 2　建物の借賃の増額について当事者間に協議が調わない
> ときは、その請求を受けた者は、増額を正当とする裁判
> が確定するまでは、相当と認める額の建物の借賃を支払
> うことをもって足りる。ただし、その裁判が確定した場
> 合において、既に支払った額に不足があるときは、その
> 不足額に年1割の割合による支払期後の利息を付して
> これを支払わなければならない。
> 3　建物の借賃の減額について当事者間に協議が調わない
> ときは、その請求を受けた者は、減額を正当とする裁判
> が確定するまでは、相当と認める額の建物の借賃の支払
> を請求することができる。ただし、その裁判が確定した
> 場合において、既に支払を受けた額が正当とされた建物
> の借賃の額を超えるときは、その超過額に年1割の割
> 合による受領の時からの利息を付してこれを返還しなけ
> ればならない。

　ただし、当該条文から明らかなように、租税公課の増加や経済事情の変動、賃料相場の比較といった要件が必要とされていますので、現実には算定方法が複雑で、増額は容易ではありませんし、増額が認められる場合も、増額金額について、激しい争いになることも多いと言えます。また、必ずしも相場通りに増額されるわけではありません。
　ここでは、不動産鑑定士による鑑定評価が重要になります。

とはいえ、現在の賃料が相場と乖離しているのであれば、以下のような流れで増額請求してみるべきです。
　賃貸人は、まずは適正と思う賃料に増額する旨の内容証明郵便を、賃借人に送付してください。賃借人がこれに応じれば、賃料は上がります（**増額パターン①**）。
　他方で、賃借人がこれに応じない場合、賃借人は従前の賃料を支払えば、債務不履行になることはありません（借地借家法11条2項本文、同32条2項本文）。この場合、賃貸人はそれでも賃料の増額を望むのであれば、裁判所に調停を申し立てます。調停で増額の話合いがまとまれば、賃料は上がります（**増額パターン②**）。
　最後に、調停でも話合いがまとまらない場合、賃貸人は訴訟を提起することができます。訴訟では、不動産鑑定士の鑑定書をもとに、公租公課の増減、地価の上昇、経済事情の変動、近隣相場との乖離等を主張して、裁判所の判断を仰ぐことになります。そして、裁判所で賃料を増額する裁判が確定すると、賃料が上がります（**増額パターン③**）。

　以上のように、3つのパターンで賃料が上がる可能性があります。そして、**増額パターン③**で賃料が上がる場合、賃借人は、最初の賃貸人の賃料増額の通知以降の賃料差額と年利10％の利息を支払うことになります（借地借家法11項2項ただし書、同32条2項ただし書）。これは賃借人にとっては脅威です。賃貸人から賃料増額の通知を受け取った場合、安易に増額を拒否すると、後に高い利息を請求されてしまう可能性があるのです。ですので、賃借人の心理としては、「賃貸人の主張する賃料は高すぎるにしても、多少の値上げには応じて和解した方が無難ではないか」となるのが通常です。また、通常、賃貸人と裁判沙汰にまでなることを望む賃借人はいません。したがって、ダメ元とは言わないまでも、「とりあえず値上げを通知する」と

いう戦略は有効です。その際に値上げの根拠として、上記公租公課の増減、地価の上昇、経済事情の変動、近隣相場との乖離等の資料を添えてあげると、より納得してもらいやすくなることでしょう。

## ② 特約で自動的に賃料が増額されるようにする

①**賃料増額請求**が認められるかは確実ではないですし、相当の手間もかかります。

そこで、賃貸借契約締結時に、賃料増額について、何らかの条項を定めることはできないでしょうか。すなわち、賃貸借契約書の中に、一定期間経過後や一定条件の実現時に賃料を増額する旨の条項（自動増額条項、スライド条項）を設けることはできないかということです。具体的には、一定期間経過後に定率を自動増額する特約（例「契約締結後、3年ごとに賃料を5パーセント増額する。」）などが一般的です。

以下では、建物の賃貸借契約(借家契約)について紹介します。

### (i) 借家契約で付けることができない特約

まず、前提として、賃借人との賃貸借契約において、賃借人に不利となるような特約を設けることはできるのでしょうか。

この点、借地借家法30条には「この節の規定に反する特約で建物の賃借人に不利なものは無効とする。」との定めがあり、借地借家法37条に「第31条、第34条及び第35条の規定に反する特約で建物の賃借人又は転借人に不利なものは無効とする。」という規定がありますので、これら条項に反する内容の特約は定めることができません。

裏を返せば、借地借家法は、賃借人に不利な特約のうち、借地借家法26条〜29条の規定に反するものと、同法31条、34条および35条の規定に反するもの、および借地借家法32

条（賃料増減額請求権、解釈上の強行規定といわれる）に反するものだけを無効とすると定めているのですから、借地借家法のうち、これら以外の規定より賃借人に不利な特約や、借地借家法に規定のない事項について、賃借人に不利な特約を定めても、原則として、無効となることはありません。

　例えば、テナントの期間内解約を禁止する特約は、賃借人にとって不利な特約かもしれませんが、借地借家法には期間内解約を認めなければならないという強行規定はありませんので、無効とは言えません。

(ⅱ)　特約に対する裁判所の考え方
　このように、借家契約で賃貸人に有利な特約を定めておけば、賃貸借条件は賃貸人にとって価値が上がり、物件の価値自体のバリューアップも果たされます。
　ところが、上記強行規定に違反しなければ、無制限に特約が有効となるわけではありません。当事者間で特約を合意したという私的自治を尊重しつつ、賃借人の立場の弱さや知識のなさを補完すべく、裁判所は解釈によってバランスを図っています。
　具体的に裁判所は、賃借人に不利な特約は、

```
ポイント①明確に書いて初めて有効となる
ポイント②賃借人にとって著しく不利となる場合は無
　　　　　効となる
```

と考えています。

　そもそも、口頭で合意しただけであったり、書面になっていても基準があいまいである場合（例えば、更新料について、金額は当事者の協議で定めるとされている場合など）は、特

約として有効となりません。また、書面で明確に書いてあった場合でも、内容が賃借人に著しく不利である場合（例えば、敷金をすべて償却して返還しないなど）は、特約は無効となります。

　以上が裁判所の基本的な考え方です。裁判所の考え方に沿って、自由自在に賃貸人優位の特約を獲得できれば、物件価値をバリューアップできます。

### (iii)　自動増額条項の有効性

　この点、裁判例（最判平成15・6・12民集57巻6号595頁）は、（家賃ではなく、地代に関する特約についてですが）「地代等の額の決定は、本来当事者の自由な合意にゆだねられているのであるから、当事者は、将来の地代等の額をあらかじめ定める内容の特約を締結することもできるというべきである。そして、地代等改定をめぐる協議の煩わしさを避けて紛争の発生を未然に防止するため、一定の基準に基づいて将来の地代等を自動的に決定していくという地代等自動改定特約についても、基本的には同様に考えることができる。そして、地代等自動改定特約は、その地代等改定基準が借地借家法11条1項の規定する経済事情の変動等を示す指標に基づく相当なものである場合には、その効力を認めることができる。」と判示しています。

　そのため、上述のような賃料増額条項を定めることは可能としています。

　本件では、「ただし、本賃料は3年毎に見直すこととし、第1回目の見直し時は当初賃料の15％増、次回以降は3年毎に10％増額する」と明確に定められていましたので、前述の**ポイント①明確に書いて初めて有効となる**との基準を満たしていました。

もっとも、上述の裁判例は、賃料増額条項を認める一方で、「当初は効力が認められるべきであった地代等自動改定特約であっても、その地代等改定基準を定めるにあたって基礎となっていた事情が失われることにより、同特約によって地代等の額を定めることが借地借家法11条1項の規定の趣旨に照らして不相当なものとなった場合には、同特約の適用を争う当事者はもはや同特約に拘束されず、これを適用して地代等改定の効果が生ずるとすることはできない。」としていますので、社会的に見て相当・妥当でないとされた場合には、無効とされるため注意が必要です。**ポイント②賃借人にとって著しく不利となる**場合は無効となるということです。

　例えば、賃料増額条項があるものの、不動産相場を含め、経済指標が大幅に下落しているような場合には、賃料増額条項による賃料の増額は認められないということです。

　とはいえ、そのような場合を除けば、賃料増額条項に従った増額請求が可能であるため、賃貸人にとって、賃料増額条項が重要であることは変わりません。

### ③　ペット飼育可とする

　建物賃貸借契約において、ペット飼育を認めるべきかどうかについて、賃貸人の意見は分かれるところですが、基本的には、ペット飼育を許可したほうが物件の競争力が上がり、賃料は上がることが多いでしょう。

　ところが、ペット飼育を許可してしまうと、家屋内の柱や畳等が傷つけられたり、ペットの排泄物で建物の内外が不衛生になったり、ペットの鳴き声等で近隣住民に迷惑をかけるなど、賃貸人にとってもリスクは大きいものとなります。

　そこで、ペット飼育を許可する場合でも、以下の(i)〜(iii)の工夫が必須です。

> （ⅰ）許可するペットの種類・頭数を特定する
> （ⅱ）敷金を多めに徴収し、原状回復費用について、特約を設けておく
> （ⅲ）飼育の規則を詳細に定めておき、違反した場合に契約解除できるようにしておく

### （ⅰ）　許可するペットの種類・頭数を特定する

　無制限にペットの飼育を認めてしまうと、それだけリスクが大きくなりますので、賃貸需要を満たすための最低限の種類・頭数を許可するようにするとよいでしょう。

　裁判例では、ペット飼育を特に禁止する規定がない場合に、賃借人が敷地に鳩舎を設置し、約100羽の鳩を飼育していることが背信行為にあたるとして、賃貸借契約の解除が認められていますが（名古屋地判昭和60・12・20判タ588号81頁）、ペットを禁止しないのであれば、そもそも種類・頭数を特定することでトラブルを予防できたものと思われます。

### （ⅱ）　敷金を多めに徴収し、原状回復費用について、特約を設けておく

　原状回復費用について、裁判所は、ペットを飼育した場合には、臭いの付着や毛の残存、衛生の問題等があるので、その消毒の費用について賃借人負担とすることは合理的であり、有効な特約であると判断しています（東京簡判平成14・9・27）。ですので、少なくとも、消毒費用を特約で賃借人負担とするのは必須です。

　これに加えて、壁・付属部品等の汚損・破損の処理、取換え費用まで一律で賃借人の負担とすることができるかについては、賃借人に通常損耗以上の負担を転嫁させることについて、合理性があって、かつ賃借人が十分に認識していること

が必要です。

　いずれにせよ、ペット飼育がない賃貸借契約の場合よりも、賃借人の原状回復義務の範囲を広げて、それに伴い、預かる敷金の金額も多めにしておくことが望ましいです。

### (iii)　飼育の規則を詳細に定めておき、違反した場合に契約解除できるようにしておく

　最後に、ペット飼育により、他の賃借人に迷惑をかけるなどして、他の賃借人が退去するなどということがあっては、利回りを上げるためにペット飼育を許可とした趣旨を没却してしまいます。

　そこで、次のような条項を契約書に盛り込んでおくとよいでしょう。

---

（飼い主の守るべき事項）
**第○条**　飼い主は、次に掲げる事項を遵守し、ペットを適正に飼育しなければならない。
□　基本的な事項
　ア　ペットは、自己の居室又は管理組合等により指定された場所で飼うこと。
　イ　自己の居室又は指定された場所以外で、ペットに餌や水を与えたり、排泄をさせないこと。
　ウ　ペットの異常な鳴き声や糞尿等から発する悪臭によって、近隣に迷惑をかけないこと。
　エ　ペットは、常に清潔に保つとともに、疾病の予防、衛生害虫の発生防止等の健康管理を行うこと。
　オ　ペットには、必要な「しつけ」を行うこと。
　カ　ペットには、不妊去勢手術等の繁殖制限措置を行うよう努めること。
　キ　ペットによる汚損、破損、損害等が発生した場合

は、その責任を負うとともに、誠意を持って解決を図ること。
　ク　地震、火災等の非常災害時には、ペットを保護するとともに、ペットが他の居住者等に危害を及ぼさないよう留意すること。
　ケ　ペットが死亡した場合には、適切な取扱いを行うこと。
ロ　他の居住者等に配慮する事項
　ア　自己の居室又は指定された場所以外で、ペットの毛や羽の手入れ、ケージの清掃等を行わないこと。
　イ　ペットの毛や羽の手入れ、ケージの清掃等を行う場合は、必ず窓を閉めるなどして、毛や羽等の飛散を防止すること。
　ウ　ペットが自己の居室又は指定された場所以外で万一排泄した場合は、糞便を必ず持ち帰るとともに、衛生的な後始末を行うこと。
　エ　ペットを散歩させる時には、砂場や芝生等（具体的な場所は、各集合住宅で定める。）の立入りを禁止された場所に入れないこと。
　オ　廊下、エレベーター等では、ペットは抱きかかえ、又はケージ等に入れ、移動すること。
　カ　エレベーターを利用する場合は、同乗者に迷惑のかからないよう配慮すること。

　そして、この条項に違反した場合には、用法遵守義務違反を理由に契約解除の手続きを進めることになります。ただし、上記各条項に違反している場合に、直ちに解除できるかについてはケースバイケースであり、通常許容される範囲を逸脱し、賃貸人に容易に回復しがたい損害を与えるなど、当事者

間の信頼関係が破壊されている場合にのみ賃貸借契約を解除できるので注意が必要です。その程度に至っていない場合は、まずは警告をすることから始めます。

## ④ 定期借家契約を活用する

従来型の賃貸借契約は、「正当事由」がある場合でなければ、賃貸人から契約の更新拒絶や解約の申入れができないこととされています（借地借家法28条）。これに対し、契約で定めた期間が満了することにより、更新されることなく、確定的に賃貸借が終了する建物賃貸借のことを定期借家契約と言います（同法38条）。

定期借家契約は、期間満了により必ず終了する契約ですので、契約の更新はできませんが、新たに合意をして契約を結びなおすこと（再契約）が可能です。この合意の際に、賃貸人のほうで賃料を自由に設定することができます。賃貸人の設定する賃料に賃借人が合意できなければ、再契約しないことが可能なのです。これにより、賃貸人は、再契約のタイミングで賃料の増額をすることができます。都心部の高額物件にはこぞって定期借家契約が導入されています。高額物件は景気の変動に左右されやすいので、賃料相場の低い時期に設定された賃料について、景気が上向いた時期には賃料を大幅に上げたいというニーズがあります。ところが、普通借家契約では、前述の賃料増額請求をするほかなく、その請求が認められるにはさまざまなハードルをクリアする必要があります。訴訟になって賃料増額が認められるにしても、大幅な増額が認められるケースは少ないでしょう。この点、定期借家契約であれば、再契約の条件として、賃貸人の設定する賃料を合意することとして、賃料を自由に増額することができます。

ただし、定期借家契約によると、賃借人としては、契約終了時に「再契約してもらえないのではないか」と不安を抱きますので、入居者募集に一定の悪影響は出ます。したがって、定期借家契約を活用する物件というのは、立地の良い人気物件に限定されます。

　なお、定期借家契約の要件として、「公正証書による等書面によって契約する」ときに限って、定めることができるものとされています（同法38条1項）。この場合、賃貸人は賃借人に対して、契約の更新はなく、期間の満了とともに契約が終了することを、契約書とは別にあらかじめ書面を交付して説明しなければなりません（同法38条2項、最判平成24・9・13民集66巻9号3263頁）。賃貸人がこの説明を怠ったときは、その契約は定期借家としての効力は否定され、従来型の、契約の更新のある普通借家契約となります。

### 借地借家法

> （定期建物賃貸借）
> 第38条　期間の定めがある建物の賃貸借をする場合においては、公正証書による等書面によって契約をするときに限り、第30条の規定にかかわらず、契約の更新がないこととする旨を定めることができる。この場合には、第29条第1項の規定を適用しない。
> 2　前項の規定による建物の賃貸借をしようとするときは、建物の賃貸人は、あらかじめ、建物の賃借人に対し、同項の規定による建物の賃貸借は契約の更新がなく、期間の満了により当該建物の賃貸借は終了することについて、その旨を記載した書面を交付して説明しなければならない。

3　建物の賃貸人が前項の規定による説明をしなかったときは、契約の更新がないこととする旨の定めは、無効とする。

4　第1項の規定による建物の賃貸借において、期間が1年以上である場合には、建物の賃貸人は、期間の満了の1年前から6月前までの間（以下この項において「通知期間」という。）に建物の賃借人に対し期間の満了により建物の賃貸借が終了する旨の通知をしなければ、その終了を建物の賃借人に対抗することができない。ただし、建物の賃貸人が通知期間の経過後建物の賃借人に対しその旨の通知をした場合においては、その通知の日から6月を経過した後は、この限りでない。

5　第1項の規定による居住の用に供する建物の賃貸借（床面積（建物の一部分を賃貸借の目的とする場合にあっては、当該一部分の床面積）が200平方メートル未満の建物に係るものに限る。）において、転勤、療養、親族の介護その他のやむを得ない事情により、建物の賃借人が建物を自己の生活の本拠として使用することが困難となったときは、建物の賃借人は、建物の賃貸借の解約の申入れをすることができる。この場合においては、建物の賃貸借は、解約の申入れの日から1月を経過することによって終了する。

6　前2項の規定に反する特約で建物の賃借人に不利なものは、無効とする。

7　第32条の規定は、第1項の規定による建物の賃貸借において、借賃の改定に係る特約がある場合には、適用しない。

## ⑤ 民泊で収入を上げる

　私の保有する福岡県福岡市西区の戸建ての例ですが、民泊として運営することで、従来の賃貸借で収受した賃料の2倍の収益を上げるペースで推移しています。

　民泊に確立した定義はありませんが、広義には、一般の民家に宿泊することを指します。かつては、民泊とは英語のホームステイ（home stay）と同義に用いられてきたこともあります。
　昨今、インターネットを通じ、空き室を短期で貸したい人と旅行者をマッチングする仲介サイトが世界各国で出現し、日本でも急速に普及しています。このような新たなビジネスの普及により、自身が居住または投資目的で所有するアパートやマンション等を旅行者等に対し、有償で、営業として貸し出すビジネスを一般的に「民泊」と呼ぶようになりました。したがって、友人・知人を無償で自宅に宿泊させることは、「営業」には該当せず、法的な規制はありません。

　この点、宿泊料をとって人を宿泊させる営業を行う場合には、旅館業法により、都道府県知事（保健所を設置する市または特別区においては、市長または区長とされています。）の許可を受けることが求められています（旅館業法3条1項）。
　そして、旅館業法に基づく許可を取得するためには、旅館業法、同施行令および同施行規則等において細かく規定された施設に関する基準をクリアしておく必要があります。
　こうした規制の中、平成28年、旅館業法が定める「簡易宿所営業」の枠組みを活用した民泊の促進を図る目的で、旅館業法施行令等が改正されました。簡易宿所営業とは、旅館業法で定められている4種の「旅館業」のうちの一形態であり、宿泊する場所を多人数で共用する構造および設備を主とする施設を設け、宿泊料を受けて、人を宿泊させる営業です（旅館業法2

条3項)。簡易宿所営業は、他の3種の旅館業(ホテル営業、旅館営業および下宿営業)の形態より、許可要件の容易さ等から最も民泊営業に適していると考えられてきました。

　この平成28年の旅館業法施行令等の改正により、簡易宿所営業の許可をとりやすくする内容へと規制緩和が行われました。これまで簡易宿所営業を行うための構造設備の基準としては、客室延床面積が33平方メートル以上であることが必要とされていましたが、宿泊者数が10人未満の施設とする場合には、宿泊者数に宿泊者1人あたり3.3平方メートルを乗じた面積以上とすれば足りることとされ(旅館業法施行令1条2項1号)、また、旅館業における衛生管理要領において、これまでは設置することとされていた玄関帳場(フロント)についても、「設置することが望ましい」ものとされ、宿泊者数が10人未満の施設では設置を不要とされることとなりました。

　もっとも、それでもなお、簡易宿所営業の許可を取得するハードルは決して低くなったものではなく、依然として許可を受けずに民泊営業を行う案件もあり、多様化する宿泊ニーズに旅館業法のみで対応するには困難な状況となっていました。

　そこで、平成29年6月、民泊サービスが我が国でも急速に普及している背景において、無許可で「旅館業」を営むヤミ民泊へ対応し、また、多様化する宿泊ニーズへ対応するために、住宅宿泊事業法(以下、「民泊新法」といいます。)が成立しました。

　民泊新法では、民泊営業を開始する際のハードルが低く設定されており、民泊営業を開始しようとする者は、都道府県知事への届出のみで足りるものとされました。これまで、合法的に民泊営業を行う方法としては、旅館業法に基づく許可を取得するか、いわゆる特区民泊制度を利用して認定を受ける方法しかなかったことと比較すると、民泊新法の施行により、民泊を開

始する際のハードルは格段に低くなったといえます。

> 民泊に関する詳細な解説につきましては、当法人編著『民泊3タイプ 開設・契約・運営とトラブル対策』(日本法令)をご覧ください。

## (3) 賃料以外の名目で収入を確保する

### ① 敷金の一部を返還しないようにする

賃貸借契約終了時に、賃借人に返還すべき敷金の一部を返還しないようにできれば、その分の収入が増えて、利回りは上がります(敷引き特約)。これもバリューアッドの手法の1つです。

敷引き特約の趣旨については、ⅰ賃貸借契約締結への謝礼、ⅱ退去後の空室期間に賃料が得られないことへの補填、ⅲ自然損耗に関する原状回復費用、ⅳ更新料の補充などと言われています。いずれにしても、敷引き特約について民法上の規定はありませんので、当事者間で契約書に合意しておかないと発生はしませんし、逆に、契約書に記載があれば、禁止もされません。**ポイント①明確に書いて初めて有効となる**ということです。

ただし、居住を目的とする建物賃貸借契約については、事業主である賃貸人と消費者である賃借人との間の消費者契約にあたると考えられますので、消費者契約法の規制に服します。そして、同法10条では、「消費者の利益を一方的に害する条項の無効」と題して、「民法、商法(略)その他の法律の公の秩序に関しない規定の適用による場合に比し、㊀消費者の権利を制限し、又は消費者の義務を加重する消費者契約の条項であって、

㈡民法第1条第2項に規定する基本原則に反して消費者の利益を一方的に害するものは、無効とする。」と定められています。そして、敷引き特約については、民法に規定がないにもかかわらず当事者間の合意で新たに発生させるものであり、消費者である賃借人の義務を民法よりも加重するものですので、㈠には該当します。問題は㈡です。

　この点に関する最高裁判例（最判平成23・3・24民集65巻2号903頁）は、「消費者契約である居住用建物の賃貸借契約に付された敷引き特約は、当該建物に生ずる通常損耗等の補修費用として通常想定される額、賃料の額、礼金等他の一時金の授受の有無及びその額に照らし、<u>敷引金の額が高額に過ぎると評価すべきものである場合には</u>、当該賃料が近傍同種の建物の賃料相場に比して大幅に低額であるなど特段の事情のない限り、信義則に反して消費者である賃借人の利益を一方的に害するものであって、<u>消費者契約法10条により無効となると解するのが相当である</u>。」としています。最高裁は、敷引き特約について直ちに消費者契約法10条により無効であるとは言えないが、賃料の額、礼金等の一時金の授受の有無等に照らして「敷引きの額が高過ぎる」と判断される場合には、特段の事情がない限り、消費者契約法10条により「無効」であると判断したのです。ここでも**ポイント②借主にとって著しく不利となる場合は無効となる**立場を貫いています。

　最高裁の判決を参考にすれば、敷引きの額が家賃の3.5倍程度にとどまり、その他に礼金等の負担がない場合には、敷引きの額が高過ぎることはないと判断されるため、敷引きは「有効」と考えられます。敷引きが「無効」となる「高過ぎる」場合とはどのような場合が該当するかとの判断は難しいものがありますが、例えば、家賃の5倍以上敷引きがなされた場合等は無効と判断される可能性があるのではないかと考えられます。ただ

し、最高裁も家賃の倍数だけを基準に無効としているのではなく、その他賃借人の負担について総合的に見て判断しているのであり、その点を踏まえて考えなければならないと思われます。

### ② 礼金を収受する

賃貸借契約締結時に、礼金として返還する必要のない謝礼金を徴収することができれば、その分の収入が増えて、利回りは上がります。これもバリューアッドの手法の1つです。

礼金について民法上の規定はありませんので、当事者間で契約書に合意しておかないと発生はしませんし、逆に、契約書に記載があれば、禁止もされません。**ポイント①明確に書いて初めて有効となる**ということです。

ただし、前述の敷引き特約と同様、消費者契約法の規制に服します。したがって、**ポイント②借主にとって著しく不利となる場合は無効となる**ことも敷引き特約と同じです。

参考となる裁判例として、礼金の法的性質は、賃料(賃貸借の対価)の前払いであり、当月末を賃料支払日とする民法614条本文に比べ、賃借人の義務を加重しているから、消費者契約法10条の規制に服するとしつつも、礼金には賃貸借の対価としての性質があること、賃借人としてはそれが不返還であることは認識していたと認められること、他にも賃貸物件がある中で賃借人は当該物件を選択したものであること、賃借人は途中解約でも全額不返還であることは認識していたものと認められるうえ、途中解約の場合も全額不返還であることが前提となって賃料が設定されていることから、全額不返還であることについての賃貸人の期待は保護されるべきであること、<u>2.95か月分の礼金は不当に高いとは言えない</u>ことなどの理由から、②には該当するものとは言えず、当該事件における礼金約定が消費者

契約10条に違反して無効であるとは言えないとしたものがあります（京都地判平成20・9・30）。

逆に言えば、礼金の金額が不当に高い場合には無効となる（**ポイント②賃借人にとって著しく不利となる場合は無効となる**）ということです。

### ③　更新料を収受する

賃貸借契約において、契約更新時の更新料も、賃貸人からすれば収入源です。したがって、きっちり賃借人から更新料をとるための特約を締結しておけば、物件の価値のバリューアッドにつながります。

更新料とは、賃貸借契約の期間が満了し、契約を更新する際に、賃借人が賃貸人に支払う一時金のことを言います。建物の賃貸借契約では、更新料支払特約が定められ、通常2年ないし3年の契約期間の満了時に、更新料が支払われるケースがよく見受けられます。

この点、最高裁は、「更新料支払特約が、賃貸借契約書に一義的かつ具体的に記載されており、更新料の額が、賃料の額や賃貸借契約期間に照らして高すぎるといえないのであれば、消費者契約法第10条に違反しない」としました（最判平成23・7・15民集65巻5号2269頁）。

まさに、**ポイント①明確に書いて初めて有効となる**と**ポイント②借主にとって著しく不利となる場合は無効となる**を貫く判決です。

そこで、更新料支払特約を定める場合には、以下の㊀㊁に注意する必要があります。

> ㈠ 更新料条項が、賃貸借契約書に一義的かつ具体的に記載されていること。
> ㈡ 更新料の額が、賃料の額や賃貸借契約期間に照らして高すぎないこと。

㈠については、例えば、更新料の額が、貸主と借主の協議によって決められると定められている場合には、「一義的かつ具体的」ではないとして、更新料の支払義務が認められなくなってしまう可能性があります。

㈡については、実に多くの裁判例がありますが、これまでの裁判例からは、更新料の額については、賃料の1か月から2か月分相当額の金額であれば、問題がないと言えそうです（もっとも、賃貸借契約期間が短いなど、更新料が高額であると考えられる事情によっては、判断が異なることが考えられます）。

### ④ 消費税を賃借人負担とする

消費税・地方消費税は、「国内において事業者が行つた資産の譲渡等」（消費税法4条1項）に賦課されます。そして、「資産の譲渡等」とは、「事業として対価を得て行われる資産の譲渡及び貸付け」（同法2条1項8号）を言いますので、建物の賃貸借はこれにあたり、消費税の課税対象となります。

ただし、居住用の建物（住居）については、貸付期間が1か月に満たない場合などを除き、非課税とされています（同法6条1項、別表第1・13号）。

なお、土地の譲渡や貸付けは、消費税の課税の対象とならないこととされています（非課税取引）。ただし、土地の貸付けのうち、貸付けにかかる期間が1か月に満たない場合および駐車場その他の施設の利用に伴って土地が使用される場合は、非課税にはなりません。

### 📝 消費税法

> （課税の対象）
> 第4条　国内において事業者が行つた資産の譲渡等には、この法律により、消費税を課する。
>
> （定義）
> 第2条　この法律において、次の各号に掲げる用語の意義は、当該各号に定めるところによる。
> 　八　資産の譲渡等　事業として対価を得て行われる資産の譲渡及び貸付け並びに役務の提供（代物弁済による資産の譲渡その他対価を得て行われる資産の譲渡若しくは貸付け又は役務の提供に類する行為として政令で定めるものを含む。）をいう。

そして、消費税・地方消費税の納税義務者は、課税資産の譲渡等を行った事業者ですので、賃貸人となります。したがって、消費税・地方消費税を賃借人に転嫁させる場合には、その旨の特約が必要になります。

さらに、消費税法の改正により、消費税率は改正される可能性があります。その場合に備えて、改定後の消費税・地方消費税を賃借人が負担する旨を規定しておく必要があります。

以上を踏まえた契約書の条項例を紹介します。これにより、消費税・地方消費税の負担を賃借人に転嫁でき、利回りを上昇させることが可能です。

> 第〇条
> 1　賃借人は、本契約に伴って生じる消費税・地方消費税

> を負担するものとし、下記各号の金額にそれぞれ消費税法及び地方消費税法に定める税率を乗じて得られた金額を賃貸人に支払うものとする。
> ① 賃料及び共益費
> ② 更新料
> ③ 敷引き額
> ④ その他消費税課税対象項目
> 2 賃借人は、消費税法及び地方消費税法その他法律の制定・改正等があった場合は、その定めに従い、その税額を賃貸人に支払うものとする。

### ⑤ 違約金

　賃借人が債務不履行をした場合、賃貸人に対して損害賠償責任を負いますが、その場合の賠償金の金額をあらかじめ違約金として定めておくことで立証の手間をなくすことができれば、賃貸人は賃料以外の収入を確保しやすくなります。また、実際の損害賠償金以外にペナルティーを定めておけば、賃貸人は、より多くの収入を得ることになります。

　この点、違約金には、㈠債務不履行に基づく損害賠償額をあらかじめ決めておくもの（**損害賠償額の予定**）と、㈡債務不履行に基づく損害賠償額とは別に契約に違反したこと自体に対するペナルティーを定めるもの（**違約罰**）とがあります。
　㈠**損害賠償額の予定**を定めた場合、実際に発生した損害額を立証することなく、あらかじめ定めた金額を相手方に請求することができます。実際の損害額が違約金より高い場合であっても、または低い場合であっても、相手方が支払うのは違約金の金額となり、別途損害賠償請求をすることはできません。
　これに対し、㈡**違約罰**としての違約金を定めた場合は、違約

金とは別に、通常の損害賠償請求を行い、実際に生じた損害を請求することができます。

　そして、上記いずれの違約金とみなされるかですが、単に、「違約金として賃料の〇か月分相当を支払う」とだけ規定された場合は、㊀**損害賠償額の予定**と推定されます（民法420条3項。48頁参照）。
　したがって、㊁**違約罰**としての違約金としたければ、その旨を明示する必要があります。「違約金として賃料の〇か月分相当を支払う。ただし、賃貸人の賃借人に対する、本契約に基づく未払い賃料、共益費、諸料金、消費税額、使用損害金、原状回復費用等の請求、損害賠償請求はこれを妨げない」等と規定します。
　ただし、違約罰とする場合でも、現実の損害額に比して不当に過大な額を定めた場合、別途の損害賠償請求が認められないケースもありますので、注意が必要です。

## コラム7　シェアビジネスは供給者側の仕組み

　「シェア」ビジネスが流行していますが、皆さんはどうお考えでしょうか。カーシェア、タイムシェア、ルームシェアなど、日常用語となっています。車を1人で持たずに不特定多数でシェアしたり、ハワイのホテルを単独で購入するのではなく、365日を1週間ずつ52人でシェアしたり、賃貸マンションも1人ではなく複数でシェアしたりと、よく見られるようになりました。1人でフルに利用するわけではないものに高い料金を支払うのではなく、必要な範囲で利用するに止めて出費を抑えるという意味で、シェアは利用者のための仕組みと思われるかもしれません。しかし、実際には、シェアビジネスは供給者側のための仕組みと言えます。

　よく考えてみてください。ハワイのコンドミニアムでいえば、1ベッドルームのオーシャンビューの部屋を毎年1週間だけ利用できる権利として、400万円で販売されているものがありました。利用者にとっては、1泊8万円ほどする部屋を毎年1週間利用すると56万円になるので、7〜8年で元を取れるという算段です。ところが、販売側として、1週間の権利を平均400万円で売ることによって、1部屋あたり2億円以上の売上をあげているのです（400万円×52週＝2億800万円）。おそらく前記1ベッドルームの部屋を1人の顧客に分譲しても1億円にもなりません。

　ルームシェアも然りです。例えば、100平方メートルの3LDKを1家族に賃貸すると賃料が月額36万円になると

ころを、部屋を5部屋に細かく区切って、5人のシェアハウスとすることで、1人10万円×5人＝月額50万円というように利回りを上げているのです。

　このようにシェアビジネスは供給者側のための仕組みと言えるのですが、不動産投資の利回りを上げようとして、素人が安易に手を出すのは危険です。シェアハウスを満室にするにはノウハウが必要であり、それは「事業」です。5人の定員に対して入居者が1人しかいない場合は、100平方メートルを10万円で貸し続けることになるのです。放ったらかしで不労所得を得る不動産投資と比べると、リスクがあるでしょう。世間を騒がせたかぼちゃの馬車事件もこの文脈でとらえられるべきなのです。

# 03 支出を減らす

## (1) 修繕費の一部を賃借人負担とする

　賃貸建物の使用および収益に必要な修繕をする義務は賃貸人が負うというのが民法の原則です（民法606条1項）[※1]。

### ✒ 民法

> （賃貸物の修繕等）
> 第606条　賃貸人は、賃貸物の使用及び収益に必要な修繕をする義務を負う。

　ところが、修繕費を賃借人の負担とする特約または賃貸人が修繕義務を負わない特約を定めた場合、賃貸人は本来負担すべき修繕費用の支出を免れるため、実質的な利回りが上がることになります。

　そうすると、なるべく賃貸人の修繕義務の範囲を狭く規定しておきたいところですが、すべての修繕費を賃借人に負担させたり、賃借人に修繕義務まで負わせる場合には特約が無効となるリスクもあります。また、過大な修繕費の支出を嫌って借り手がつきにくくなるというおそれもあります。

---

[※1]　民法改正により、「ただし、賃借人の責めに帰すべき事由によってその修繕が必要となったときは、この限りでない。」のただし書が新設されます（改正民法606条1項）。

そこで、上記のような特約を定める場合、

> ⅰ賃貸人が修繕義務を負わない範囲を明確にしておく
> （ポイント①明確に書いて初めて有効となる）
> ⅱ賃借人が修繕費を負担する割合が過大となったり、賃借人に修繕義務までを負わせるものとならないようにする
> （ポイント②賃借人にとって著しく不利となる場合は無効となる）
> 他方で、
> ⅲ修繕が必要となったのが賃借人の責めに帰すべき事由によるものであった場合は修繕費用を賃借人に負担させる規定を置く

といった工夫が必要です。

## ① ⅰ賃貸人が修繕義務を負わない範囲を明確にしておく

　この点、賃貸人が修繕義務を負わない旨の特約は、建物を使用収益させることを本質的要素とする賃貸借契約の性質から、それが合理性を欠くものである場合は無効となります。

　一般的に、修繕の内容・費用の程度から、大修繕と小修繕に区別され、大修繕は賃貸人の修繕義務を免れることはできませんが、小修繕については賃貸人の修繕義務を負わない特約も有効と解されています。

　では、どのような修繕が特約で修繕義務を免除できる小修繕にあたるのでしょうか。

　この点、建物の基本的構造部分や生活に必要不可欠の設備の破損・汚損については、修繕費用も多額となり、賃貸人の修繕義務を免除することはできないでしょう。裁判例でも、建物の基本構造に影響すべき現状を変更するような修繕部分は賃貸人

の負担すべき修繕義務の範囲に属することが明らかであると判示するものがあります（東京地裁平成3・5・29判タ774号187頁）。

それ以外の部分の修繕は小修繕にあたると言えそうですが、具体的な修繕の内容や費用の程度は個々の事案によりさまざまですので、一概にこれは小修繕にあたると言うことはできません。ただ、一般的には電球の取替え、ふすまや障子の張替え、畳替え等は小修繕にあたるものとされています。後に修繕が必要となったときにその修繕が小修繕にあたるか否か争いにならないためにも、契約条項には小修繕にあたるものを具体的に列挙したうえ、その他の修繕についても修繕費用が一定の金額以下であれば小修繕にあたるとするような定めを置いておくのがよいでしょう。そこで、ⅰの要件が必要となります。

## ②　ⅱ賃借人が修繕費を負担する割合が過大となったり、賃借人に修繕義務までを負わせるものとならないようにする

①の通り、大修繕や修繕費が多額となる修繕について、賃借人に修繕費を負担させることはできません。

また、「賃貸人が修繕義務を負わない」ということと「賃借人が修繕義務を負う」ということはイコールではありません。「賃貸人が修繕義務を負わない」とは、賃貸建物が汚損・破損した場合でも賃貸人はその修繕義務は負わないため、賃貸人がそれを修繕しなくても債務不履行にならないということです。賃貸人が修繕義務を負わない場合でも、賃借人が修繕義務を負うことになるわけではありません。

では、賃借人に積極的に修繕義務を負わせることはできるのでしょうか。この解釈については争いがありますが、最高裁判例では、修繕は賃借人の負担とする旨の契約条項について、単に賃貸人が民法606条1項所定の修繕義務を負わないとの趣旨

に過ぎないと解しているものがあります（最判昭和43・1・25集民90号121頁）。上記のように修繕義務は賃貸借契約の性質から賃貸人に課されるのが原則であることからすれば、賃借人に修繕義務まで負わせる特約は認められないと考えられます。よって、ⅱの要件が必要になります。

ただし、賃借人所有の造作設備については賃貸人に修繕義務はなく、所有者である賃借人が修繕すべきものと解されます。

### ③　ⅲ修繕が必要となったのが賃借人の責めに帰すべき事由によるものであった場合は修繕費用を賃借人に負担させる規定を置く

最後にⅲの要件について、裁判例は、修繕を要する目的物の状態について賃借人に何らかの帰責事由が認められる場合であっても、賃貸人が修繕義務を免れることはできないとしています（東京地判平成28・3・8）。

しかし、修繕を要することになったことについて賃借人に帰責事由がある場合、賃貸人は賃借人に対して損害賠償請求をすることができます。そこで、賃借人の責めに帰すべき事由により建物の修繕が必要となった場合には、修繕義務自体は賃貸人が負いますが、修繕費用は賃借人が負担する旨の特約を定めることができると考えられます。

なお、この部分については民法改正により変更される点があります。改正後の民法606条1項は「賃貸人は、賃貸物の使用及び収益に必要な修繕をする義務を負う。ただし、賃借人の責めに帰すべき事由によってその修繕が必要となった時は、この限りでない。」と規定しています。改正民法施行後は（2020年施行予定）、上記裁判例と異なり、賃借人に帰責事由がある場合はそもそも賃貸人は修繕義務を負わないことになります。

以上のような点を踏まえると、以下のような契約条項が考え

られます。

(修繕義務の範囲)
第〇条
1 賃貸人は、本物件及び賃貸人所有の造作設備の維持・管理に必要な経費を負担する。
2 賃貸建物が破損・汚損し、使用収益のために修繕が必要となった場合で、次の各号に掲げる場合、賃借人は、修繕のための費用を負担する。
　① 小修繕にあたる場合
　② 賃借人の責めに帰すべき事由により修繕を要することとなった場合
　③ 賃借人が設置した造作設備に対する維持・管理・修繕費用
3 前項の小修繕とは、次に掲げる場合をいう。
　ア　電球の取替え
　イ　畳替え
　ウ　襖・障子の張替え
　エ　鍵の交換
　オ　〇〇〇
　カ　〇〇〇
　⋮
　サ　その他修繕に要する費用が2万円以下のもの
4 賃借人が設置した造作設備に対して、その維持・管理・修繕に関して賃貸人から要請があったときは、賃借人は自己の費用負担で直ちに補修・改善等必要な措置を講じるものとする。
5 本物件、賃貸人所有の造作設備について修繕をする必要が生じ、又は生じるおそれがある場合には、賃借人は、賃貸人に対しその旨を直ちに通知するものとする。

> 6　前項の場合で、修繕の必要が賃借人の故意又は過失に基づいて生じたときは、賃貸人はこれを修繕する義務を負わず、その裁量により、自ら修繕してその費用を賃借人に請求することができる。

　なお、賃貸人が修繕義務を負う場合に相当期間内に修繕を行わないと、その部分について使用収益ができないとして賃料が減額されるおそれもあります。そのため、修繕義務を負う範囲の修繕はできるだけ早く行うことが大切となります。

## (2) 通常損耗に基づく原状回復費用の一部を賃借人負担とする

　建物賃貸借契約において、退去時の通常損耗についても賃借人の負担とすることができれば、賃貸人の負担する原状回復費用が減少しますので、物件のバリューアップができたと言えるでしょう。

　この点、建物賃貸借契約において、建物の通常の使用に伴う汚損、損傷（通常損耗）は、賃料の支払と対価関係にあると考えられています。すなわち、経年によって、床・壁・天井・建具・設備等が汚損、損傷することがあっても、通常の使用をしている限り、汚損、損傷を回復するための経費は賃料に含まれていると考えられており、そのため、通常損耗の原状回復費用は、原則として賃貸人の負担であるとされています。

　もっとも、通常損耗の補修（修理、交換）であっても、賃借人負担とする特約が定められる場合があります。これを、通常損耗補修特約と言います。このような通常損耗補修特約を賃貸借契約で定めることは可能です。

## ① 明確に書いて初めて有効となる

　この点、通常損耗の原状回復費用は、原則として賃貸人が負担すべきものであることから、これを賃借人に負担させるためには、以下のように、厳格な要件が必要となります（最判平成17・12・16集民218号1239頁）。

> （ⅰ）賃借人が補修費用を負担することになる通常損耗の範囲が、賃貸借契約書の条項に具体的に明記されていること
> （ⅱ）賃貸借契約書では明らかでない場合には、賃貸人が口頭により説明し、賃借人がその旨を明確に認識し、それを合意の内容としたものと認められるなど、通常損耗補修特約が明確に合意されていること

　前述の**ポイント①明確に書いて初めて有効となる**点を踏襲しつつ、仮に契約書上で明確でない場合には、賃貸人による説明と賃借人の明確な認識を必要としました。

　以上の最高裁判所が定めたルールに関して、実際に裁判所が具体的な事例においてどのような判断をしているのか、紹介します。

> 　賃貸借契約書において、単に「原状回復を行う」などの記載があるだけで、その他賃借人が行うべき具体的な義務の内容が明記されていないという事案においては、原則どおり、通常損耗については賃貸人が負担すべきことが定められていると考えられることから、通常損耗補修特約は認められない（大阪高判平成12・8・22判タ1067号209頁）。

> 室内器具の破損、床、壁の張替え等の原状回復費用、およびハウスクリーニング費用を賃借人の負担とするとだけしか定められていないのであれば、賃借人の負担すべき原状回復の範囲等について包括的に定めているにとどまり、通常損耗補修特約の範囲が具体的に明らかにされていない（東京地判平成19・3・19）。

具体的に明らかにするためには、以下のように金額まで明示する必要があるということでしょう。

- ハウスクリーニングは借主負担とする。なお、当該費用は一律30,000円とする。
- 畳の表替えは借主負担とする。なお、表替え費用は一畳あたり5,000円とする。
- 襖の張替費用は借主負担とする。なお、襖の張替え費用は一枚あたり3,000円とする。

これに対し、通常損耗補修特約が認められた裁判例としては、以下の事例があります。

> 畳・建具取替え費用という具体的な取替えの範囲が明確に定められ、その費用を賃貸人と賃借人との折半として負担するという特約については、これを通常損耗であるかどうか契約終了時に判断することが困難であるという事情にかんがみれば、その費用をあらかじめ約定しておくことは、賃借人に一方的に不利な条項ではない（東京地判21年3月11日）。

さらに、前記最高裁判例は、

> - 賃借人が特約によって通常の原状回復義務を超えた修繕等の義務を負うことについて認識していること
> - 賃借人が特約による義務負担の意思表示をしていること

を要求していると解されます。すなわち、例えばハウスクリーニング費用等は本来賃貸人負担であることも認識したうえで、自己に不利になる特約を合意していることを必要としています。

この点、下級審の判例も同様です。

> 賃借人が通常損耗補修特約の趣旨を正確に理解し、納得した上で、その意思に基づき確定的に承諾して賃貸借契約書に署名、捺印したものであれば、賃借人は、通常損耗補修特約に合意していたものと認められる（東京簡判平成17・5・13）。

以上の通り、通常損耗の範囲が明確に定められており、賃借人が通常損耗補修特約を正確に理解したうえで合意したと言えるのであれば、通常損耗補修特約が有効であると認められる可能性が高くなります。

## ② 借主にとって著しく不利となる場合は無効となる

他方で、賃料が通常損耗の補修費用を含む対価であると考えられており、通常損耗の原状回復費用について賃借人に負担させるとすると、賃借人に二重の負担を強いることになりかねないことから、通常損耗補修特約を、消費者契約法10条に違反するとして無効とした裁判例は複数見受けられます。

前記最高裁判決は、消費者契約法を直接には判断していませ

んが、通常損耗補修特約が有効に成立するためには、特約の必要性があり、かつ、暴利的でないなどの客観的、合理的理由が存在することを要求していると解釈できます。

　すなわち、**ポイント②借主にとって著しく不利となる場合は無効**となるということです。

　また、特約のリフォーム内容・金額が相場とかけ離れている場合なども無効となります。
　下記は原状回復費用のある程度の相場になります。参考にしてください。

●原状回復費用（2018年12月現在の相場）●

```
クリーニング費用　㎡あたり：800円～1,500円程度
畳張替費用　張替え：1畳あたり5,000円～7,000円
　　　　　　表替え：1畳あたり3,500円～5,000円
襖張替費用　1枚あたり：3,000円～4,500円
クロス張替費用　㎡あたり：800円～1,200円
　　　　　　（経過年数要考慮）
クッションフロア（CF）張替費等
　㎡あたり：2,500円～3,500円（経過年数要考慮）
カーペット張替費用　6帖あたり：40,000円～60,000円
　　　　　　（経過年数要考慮）
フローリング張替費用　6帖あたり：80,000円～120,000円
　　　　　　（経過年数要考慮）
```

　なお、原状回復の内容として、専門業者によるハウスクリーニングを賃借人負担で行うことを義務づけた特約（専門業者ハウスクリーニング特約）は、多くの裁判例でその効力が認められています(大阪地判平成24・11・12判タ1387号207頁など)。

## (3) 賃借人に有益費償還請求権や造作買取請求権を行使させない

　賃借人が賃借物について有益費を支出したときは、賃貸借の終了時に、その費用を賃貸人に請求することができます（民法608条2項）。

　有益費とは、賃貸目的物の価値を客観的に高めるために支出された費用です。例えば、店舗の装飾棚設置費用や流し台の増設費用等です。

### 民法

> （賃借人による費用の償還請求）
> 第608条　（略）
> 2　賃借人が賃借物について有益費を支出したときは、賃貸人は、賃貸借の終了の時に、第196条第2項の規定に従い、その償還をしなければならない。ただし、裁判所は、賃貸人の請求により、その償還について相当の期限を許与することができる。

　民法608条2項は任意規定ですので、賃借人がこれを放棄する特約を定めることは可能です。賃貸人としては余分な費用を請求されないようにこのような特約を定めておくことで利回りを維持できます。

　また、賃借人は、賃貸人の同意を得て賃貸目的物に設置した造作について、賃貸借契約終了時に賃貸人に時価で買い取るよう請求できるとされています（借地借家法33条1項）。

　造作とは、「建物に附加された物件で、賃借人の所有に属し、かつ建物の使用に客観的便益を与えるもの」です（最判昭和

29・3・11民集8巻3号672頁)。例えば、飲食店の調理台、レンジ、ダクト等です。

### 📝 借地借家法

> (造作買取請求権)
> 第33条 建物の賃貸人の同意を得て建物に付加した畳、建具その他の造作がある場合には、建物の賃借人は、建物の賃貸借が期間の満了又は解約の申入れによって終了するときに、建物の賃貸人に対し、その造作を時価で買い取るべきことを請求することができる。建物の賃貸人から買い受けた造作についても、同様とする。

借地借家法33条は任意規定ですので、賃借人がこれを放棄する特約を定めることは可能です。賃貸人としては余分な費用を請求されないようにこのような特約を定めておくことで利回りを維持できます。

以上を踏まえた契約書の条項例を紹介します。

> 第○条
>   賃借人は、本物件の明渡しに際し、その事由及び名目のいかんにかかわらず、本物件、造作及び設備について支出した有益費その他諸費用の償還並びに本物件内に賃借人の費用をもって設置した造作、設備等の買取りを賃貸人に請求することはできない。

# 04 本来入るべき賃料が確実に入るようにする

## (1) 賃料を減額させない特約を締結する

　賃貸人としては、賃料相場が下落する時期にも、賃料が減額されなければ、物件のバリューを維持できることとなります。そこで、賃料を一切減額しないという賃料不減額特約を結ぶことはできるのでしょうか。

　この点、借地借家法には、賃料を増額しない特約は有効と定められています（11条1項ただし書「ただし、一定の期間地代等を増額しない旨の特約がある場合には、その定めに従う。」、32条1項ただし書「ただし、一定の期間建物の借賃を増額しない旨の特約がある場合には、その定めに従う。」）。この反対解釈から、賃料不減額特約は認められないと考えることも可能ですが、契約自由の原則から、賃料不減額特約を定めること自体は有効と解されています。

　ただし、そのような特約があったとしても、賃借人の方から賃料減額請求をすることは可能です。最高裁判所は、（地代の不減額特約についてですが）「借地借家法11条1項の規定は、強行法規であって、本件特約によってその適用を排除することができないものである。したがって、本件各賃貸借契約の当事者は、本件特約が存することにより上記規定に基づく賃料増減額請求権の行使を妨げられるものではないと解すべきである」と判断しました（最判平成16・6・29集民214号595頁）。

　したがって、賃料の減額請求をしない旨の特約があっても、

賃料減額請求をすることは妨げられないということになります。

では、賃料不減額特約はまったく無意味なのでしょうか。

この点、前記最高裁判例は「前記の事実関係によれば、本件特約の存在は、本件各賃貸借契約の当事者が、契約締結当初の賃料額を決定する際の重要な要素となった事情であると解されるから、衡平の見地に照らし、借地借家法11条1項の規定に基づく賃料増減額請求の当否（同項所定の賃料増減額請求権行使の要件充足の有無）及び相当賃料額を判断する場合における重要な事情として十分に考慮されるべきである」と判断しています。

したがって、借地借家法11条1項、32条1項に定める賃料減額請求がなされた場合、賃料不減額特約の存在はまったく無意味というわけではなく、裁判所が最終的に具体的な賃料の額を定める際の重要な事情の1つとして考慮されることになります。

## (2) 中途解約の場合の違約金を定める、もしくは、中途解約させない

投資目的でビルを一棟保有する場合、常に満室経営できるに越したことはありません。そして、中小規模のビルの場合、1つのテナントに一棟貸しするケースもありますが（一棟貸しする方が、小分けして貸すよりも賃料を高く貸せるケースもあります）、その場合は、そのテナントが借りてくれている間は満室ですが、仮に退去すれば1円も賃料が入ってこないということになります。このような空室リスクを排除するためには、期間内解約をした場合の違約金の特約が有効です。具体的には、「借主が本契約を期間満了前に中途解約する場合、借主は貸主に対し、本契約が中途解約により終了した日の翌日から契約期

間満了日までの賃料相当額を違約金として支払わなければならない」などと規定します。

　ただし、賃貸借契約が途中で解約されて、実際に賃借人が使用収益していないにもかかわらず、あまりに長期の賃料相当額が違約金として請求されるのは、賃借人の解約の自由を不当に制限することになりかねません。そこで、裁判例でも、「賃料等の約3年2月分の違約金が請求できる条項は、賃借人に著しく不利であり、……明渡した日の翌日から1年分の賃料及び共益費相当額の限度で有効であり、その余の部分は公序良俗に反して無効と解する」（東京地判平成8・8・22判タ933号155頁）として、特約の効力を一部否定しています。

　では、期間の定めがある契約について、そもそも中途解約条項を設けないのであれば、賃借人からの契約期間中の解約はできないのが原則ですので、契約期間中の賃料収入を確保できるのでしょうか。これについては、定期借家契約について、床面積200平方メートル未満の居住用の建物について、賃借人が「転勤・療養・親族の介護」等のやむを得ない事情によってその契約を維持することが困難な場合には、中途解約の申入れができることになっています（借地借家法38条5項）。裏を返せば、事業用建物や200平方メートル以上の居住用建物を賃貸する場合に、中途解約条項を設けなければ、賃貸人の契約期間中の賃料収入への期待は保護されることになります。

　また、普通借家契約の場合には、このような制限はなく、期間の定めがあって、中途解約条項がない場合、原則通り、賃貸人も賃借人も中途解約はできません。

　したがって、契約期間中の賃料収入を確保したい場合は、中途解約条項をはずしておくとよいでしょう。

　他方で、期間の定めがない契約の場合は、契約終了の3か月

前の予告をすれば、賃借人はいつでも解約可能です。

● 図表 3-6　中途解約の可否 ●

|  | 期間の定めあり | 期間の定めなし |
|---|---|---|
| 賃貸人からの解約申入れ | 賃貸借契約に特約があれば可能。ただし、正当事由が必要（借地借家法28条）。 | （特約がなくても）6か月前予告により可能（借地借家法27条1項）。ただし、正当事由が必要（同法28条）。 |
| 賃借人からの解約申入れ | 賃貸借契約に特約があるか、定期借家契約で床面積200㎡未満の居住用建物について一定の場合に可能。正当事由は不要。 | （特約がなくても）3か月前予告で可能（民法617条1項2号）。正当事由は不要。 |

## コラム8　海外不動産投資の是非（新興国投資）

　日本人の行う海外不動産投資については、主にキャピタルゲイン狙いと節税狙いの2パターンがあります。節税狙いの海外不動産投資は**4章10（2）**（228頁）でご紹介します。
　ここでは、キャピタルゲイン狙いの海外不動産投資を検討します。

　これから経済成長を遂げる新興国（マレーシア、タイ、フィリピン、カンボジアなどの東南アジア）の新築不動産を買って、値上がりを待つ投資手法があります。多くの場合、プレビルド方式といって、まだ更地の段階（場合によっては建築許可もとれてない）で、数年後の完成・引渡しを条件に、現地ディベロッパーが顧客に「青田売り」する売り方で、投資家は、建物完成前に買っておいて、完成と同時に含み益が出ることを狙います。販売業者は、その国の不動産価格が上がる理由について、経済成長や人口増加、人口動態（若い世代が多い）等々で説明します。
　販売業者は顧客の購入意欲を刺激するために、完成前の段階で販売価格を徐々に値上げして、顧客に「早く買ったほうが得」という説明をします。例えば、4年後の完成時に100万マレーシアリンギット（約2,700万円）で売値を設定する物件なら、完成4年前に75万マレーシアリンギット、3年半前に80万マレーシアリンギット、3年前に85万マレーシアリンギットといった具合に徐々に売値を上げていくのです。通常、この手の物件を一番早いタイミングで安く買えるのは、デベロッパーの関係者・縁故者です。彼らは完成と同時に転売して利益を得ます。次に地

元の富裕層が購入します。その後、売れ残り物件が出てくるころに、日本を含む国外の販売会社に売却の依頼がきます。日本の販売会社は、既に値上がりした物件に3％程度の手数料を乗せて、日本でセミナーをやって顧客に販売します。したがって、プレビルド方式が儲かるというのは販売当初に購入できる層だけであり、後から利益を乗せられて購入する層に旨味はないでしょう。

　海外は金利が高いので融資困難であること、また、現地デベロッパーの倒産や工期遅れ等のリスクも大きいことから、私は投資対象から外しています。

## 第4章

# 法的知識を駆使した
# リスクマネジメント

世界一の投資家ウォーレン・バフェット氏も、こう告白しています。

「このゲームには、私たちの理解の及ばない部分がある。だから甘く見てはいけない。」

　ここまで紹介したいずれの投資手法で不動産投資をするにしても、リスクをコントロールしておかないと取り返しのつかない失敗を犯してしまいます。不動産投資は金額の大きなゲームですので、大きな負けは身を滅ぼすことにもなりかねません。攻めだけではなく、守りについても万全の備えをしておきたいところです。

# 01 破産リスク

　不動産投資において、絶対に避けなければならないことは、融資を受けて投資している場合に返済不能に陥ることです。賃料収入から借入金の返済ができなくなると、任意にせよ強制にせよ、自分の意図しないタイミングで物件を売却させられることになります。マーケットが悪化していて、不動産価格が下落しているタイミングで売却させられると、借入金の元金も完済できずに自己破産するほかなくなる場合もあります。

　逆に言えば、仮に金融危機が到来するなどして不動産価格が一時的に下落して、自分の保有する物件も含み損を抱えることになったとしても、借入金の返済さえできていれば、そのような金融危機が過ぎ去るまで物件を保有していればよいのです。

　したがって、不動産投資では、キャッシュフロー（CF）が悪化しないようにマネジメントする必要があります。

　CFが悪化するタイミングには以下の3つの場面があります。

---
① 建物の築年数経過に伴う、賃料下落＋修繕費増加
② 金利上昇局面
③ 減価償却終了時
---

　まず、①については言わずもがなです。収入が減って、支出が増えますので、CFは悪化します。築年数の古い物件に投資する際は、このようなリスクは織り込み済みで購入しますので、それを上回るリターン（高い利回り）があることが投資の前提

となります。

　次に、②については要注意です。日本は長らく低金利の時代が続いており、不動産が担保である場合、借主の属性が良い場合は変動で年利0.5％～高くても年利4％未満の金利で借入れできてしまいます。日銀の金融緩和は永久に続くものではなく、いずれ将来的に金利が上昇する局面は必ず到来します。賃料収入から必要経費（金利もここに含まれます）を支払い、所得税（ないしは法人税）を支払った後の手残りから借入金元金を返済しますが、この借入金返済後のCFがギリギリであれば、金利が少しでも上昇すると返済できなくなってしまいます。時間の経過とともに、①のリスクも増大しますので、そこに②のリスクがダブルパンチで到来すると、CFがマイナスになるシナリオを織り込んでおく必要があります。

　さらに、不動産投資のメリットとして③減価償却という制度があります。減価償却費とは、建物や設備のように年々価値が減少する「償却資産」を一定の期間にわたって会計・税務上、費用処理していくもので、建物や設備が対象となり、土地のように年数を経ても減価しないものは対象になりません。減価償却費は税務上必要経費に算入されますが、現金の支出はないので、CFは良くなります。すなわち、減価償却により所得税ないしは法人税を節税できるのです。ところが、この減価償却は期間が決まっており（建物の構造により耐用年数が決まっています）、償却期間が終了した場合は、費用計上できなくなります。そうすると、その年度以降、支払う所得税（ないしは法人税）が増額することになり、CFが一気に悪化することになります。

以上、3つの局面でCFは悪化します。**図表4-1**で年間CFの計算例を示しました。当初、年間で180万円のCFを手にしていましたが、減価償却が終了するとCFは100万円程度に減ることが分かります。これに加えて金利が1％でも上昇するとCFは20万円程度となってしまい、ギリギリとなります。こうなると、空室が発生したり、修繕費がかかるだけでCFはマイナスとなってしまう例です。

　このような事態に備え、自己資金を増やして借入金を減らすか、もしくは当該物件の賃料収入以外に収入を確保していることがリスクマネジメントとして必要です。借入金額相当の現金を持っている場合でも、レバレッジをかけるために融資を受ける場合がありますが、そのような方であれば、金利が上昇した局面に一括で借入金を返済するなどして自由自在にリスクコントロールすることができます。

● 図表 4-1　年間 CF の計算例 ●

物件価格1億5,000万円、年間賃料収入1,000万円、借入金1億円、当初の金利1％（年利）で購入したケース

| | 当初 | | 減価償却が終了すると | | 金利2％になると |
|---|---|---|---|---|---|
| 賃料収入 | 1000万円 | → | | → | |
| 必要経費 | ▲200万円 | | | | |
| 支払金利 | ▲100万円 ※1 | | | | |
| 減価償却 | ▲400万円 | | | | |
| 所得 | 300万円 | | 所得　　700万円 | | 所得　　600万円 |
| 所得税 | ▲20万円 | | 所得税　▲99万円 | | 所得税　▲79万円 |
| 税引後利益 | 280万円 | | 税引後利益　601万円 | | 税引後利益　521万円 |
| 減価償却戻入れ | 400万円 | | | | |
| 元金返済 | ▲500万円 ※2 | | 元金返済　▲500万円 | | 元金返済　▲500万円 |
| CF | 180万円 | | CF　　　101万円 | | CF　　　　21万円 |

※1　借入1億円に対して年利1％
※2　借入金1億円の20年返済

## コラム9　誰から買うのか？

物件を相場より安く買う秘訣の1つとして、誰から買うのかという視点も重要です。

典型的なのは、借入金の返済が滞り、破産もやむなしという状況の持ち主から、任意売却という形で債権者の承諾を得て物件を購入するケースです。このような物件の持ち主は債務超過であり、物件がいくらで売れようと売却代金はすべて債権者に持っていかれてしまいますので、物件がいくらで売れるのかについて利害関係がないのです。

続いて、相続税の納税間近の相続人からも安く買える場合があります。相続税評価額の高い不動産を相続するために相続税の納税が必要なのですが、納税資金がない場合は、不動産を売却するほかありません。納税期限が決まっている以上、狼狽売りせざるを得ないことがあるのです。

同じ理屈で、以下の3者から安く買える可能性があります。

**・短期でノンバンクから借りている業者**

転売目的でノンバンクから高い金利で融資を受けている不動産業者は、物件がなかなか売れないと金利負担が重くなりますので、いくらか値下げしてでも早急に売却することを優先します。

**・中間売主**

第三者のためにする契約という手法で、物件を手付金だけ支払って購入しておき、決済までに新たな買主を見つけてきて、転売する業者（中間売主）がいます。このような取引形態をあえてとる理由は、買主が見つかる自信がある

ので、優良物件を押さえてしまおうという理由であったり、仲介手数料の上限よりも多くの利益を乗せたいというのが理由であることもあります。いずれにせよ、決済の日時は決まっていますので、時期が迫れば狼狽売りせざるを得ません。

・**リファイナンスできないファンド**

　ファンドは借入れを行って物件を取得しますが、通常、5年なら5年と期限を決めて融資を受け、その間は利息のみを支払い、期日に元金一括返済するか、金融機関と協議してリファイナンス（借入金の借換え）をすることになります。ところが、（景気の悪化や不動産価格の下落の局面等で）金融機関がリファイナンスに応じない場合には、ファンドは物件を売却するほかなくなります。その場合にも、金融機関への返済時期が迫れば、狼狽売りすることになります。

# 家賃滞納リスク

## (1) 家賃滞納に対するすみやかな賃貸借契約の解除

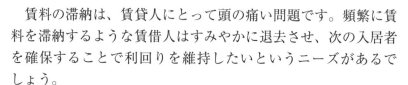

　賃料の滞納は、賃貸人にとって頭の痛い問題です。頻繁に賃料を滞納するような賃借人はすみやかに退去させ、次の入居者を確保することで利回りを維持したいというニーズがあるでしょう。

　しかし、明渡しについて賃借人と交渉しても、「来月には出ていきます」という説明を繰り返されているうちに、ずるずると居座られてしまうということはよくある話です。いたずらに期間が長引けば、賃料収入はどんどん低下してしまいます。

　そこで、このような場合には、任意の交渉に頼らず、粛々と訴訟を行い、強制執行を目指すべきです。

　具体的な流れとしては、次のようになります。

---
① 未払賃料の支払の催告、および支払がなかった場合の即時解除の通知を、内容証明郵便で送付する
② 期日経過をもって賃貸借契約解除に基づく建物明渡し請求訴訟を提訴し、判決を得る
③ 強制執行

---

　まずは、賃料不払いを理由に賃貸借契約を解除しておきます。ちなみに、賃貸借契約のような継続的契約は、単に契約違反があるというだけでなく、その違反によって契約当事者の信

頼関係が破壊されていると言えなければ解除することができません。そのため、滞納している賃料が1か月分程度では解除の根拠とならず、少なくとも2～3か月分程度の滞納が生じていることが必要です。滞納がこの程度に至った場合は、ためらわずに賃貸借契約を解除しましょう。解除の通知としては、通常、1週間程度の期限を定めて未払賃料の支払を促し（催告）、同期限までに支払がなかった場合は解除するという内容のものを送付します。なお、このような催告をしないで、いきなり解除できるとする特約（無催告解除特約）については、213頁以下で紹介します。

同期限までに未払賃料の支払がなければ、すみやかに訴訟を提起します。内容は、賃貸借契約解除に基づく建物明渡し請求となります。なお、未払賃料についても併せて請求できるほか、賃貸借契約解除後明渡しまでの期間については、賃料相当損害金を請求することが可能です。未払賃料および賃料相当損害金の請求に関しては、連帯保証人も相手どって提訴しましょう。

## (2) 明渡しの強制執行

建物明渡し請求訴訟で勝訴判決を得て、当該判決が確定したら、いよいよ強制執行です。

明渡しとなれば、賃借人本人やその同居人に立ち退いてもらうだけでなく、対象物件内の家具その他の動産もすべて搬出してもらわなければなりません。明渡しの強制執行とは、裁判所の執行官立会いのもと、こうした明渡しを強制的に行うのに必要な各種業者（搬出業者、保管業者、解錠技術者等。これら業者を「執行補助者」と呼びます）を集めて、明渡しの断行の期日を定めて実行するものです。これに先立ち、執行官は、明渡しの催告を行います。

よって、強制執行は、①**申立て**、②**執行官との打合せ**、③**明**

渡しの催告、④明渡しの断行と進んでいきます。

　まず、強制執行の申立て（①）は、建物の所在地を管轄する裁判所の執行官に対して行います。申立書には、判決正本等と併せて、建物の所在地の地図等を添付します。

　そのうえで、執行官との間で、明渡しの催告期日や明渡しの断行日の日程調整、執行補助者の選出、断行の際の証人の確保等の打ち合わせをします（②）。

　明渡しの催告期日（③）には、執行官と立会人、賃貸人（または賃貸人の代理人）、執行補助者が対象物件に出向き、その占有状況を確認したうえで、対象物件を賃貸人に引き渡すべき期限、および明渡し断行の日等を公示書に記載し、対象物件に貼り付ける等して公示します（民事執行法168条の2）。この明渡しの催告は申立てから約2週間程度で行われます。引渡し期限は、明渡し催告の日から1か月を経過する日としなければなりません。したがって、申立てから引渡し期限までは、約1か月半を要することとなります。

　明渡し断行の期日（④）は、上記引渡し期限の数日前に設定されます。同期日には、執行官、執行補助者、立会人とともに建物所在地に赴き、建物内から家具等の動産の搬出を行い、賃借人を退去させます。このとき執行補助者にかかる費用は、搬出する動産の数等により異なりますが、1LDKなら30万円程度が1つの目安です。荷物がすべて運び出されたら、鍵を交換して、明渡し完了です。なお、運び出された荷物は、一定期間内に賃借人が引き取りに来ない場合、執行官により売却または廃棄されることになります。

　以上のような手続きを進めていくなかで、賃借人が任意に退去することも期待できます。特に、明渡しの催告期日は、実際に執行官が執行補助者等を連れて対象物件を訪問し、賃借人が拒んでも強制的に開錠して対象物件内に立ち入って催告を行う

点で、賃借人へのプレッシャーは相当なものとなります。一般的には、この明渡しの催告から明渡しの断行日までの間に、賃借人が任意退去に至るケースが多いと言えます。

　以上のように、明渡しの強制執行手続を行うには、時間と相当の費用がかかります。そして、賃料を滞納するような賃借人については、資力がなく、このような強制執行費用はおろか、滞納分の賃料さえ回収が十分にできないこともままあります。そこで、賃料収入が得られないまま物件を占拠される期間は、少しでも短くなるように対応することが肝要です。訴訟を提起し、強制執行を行うというはっきりした姿勢を早期に見せることによって、賃借人にこちらの本気を認識させ、自主的に明渡しをしてもらえると、被害は最小限に食い止められるでしょう。場合によっては、滞納賃料を免除してでも早期に明渡しをしてもらう交渉をするべきです。そのほうが結果的に安定した利回りの確保に繋げることができるでしょう。

# 免責条項

　イレギュラーな事態が発生した際に、賃貸人としては、賃料収入が入らないとか、逆に損害賠償債務を負担するといった事態はなるべく避けたいところです。この事態に備えた免責条項を設けておかないと、民法その他の一般原則に従って、賃貸人に不利な結末を迎えることになります。

## (1) 賃貸目的物の維持・管理行為によって賃借人の使用収益が制約される場合の免責

　賃料は賃貸目的物を使用収益することに対する対価と考えられていますので、目的物が使用できない場合には、賃借人の賃料支払義務もそれに応じて減額されるのが筋です。
　この点、改正民法では、賃貸目的物の一部が滅失その他の事由により使用・収益することができなくなった場合に、それが賃借人の責めに帰することができない事由によるものであるときは、賃料は、その使用・収益することができなくなった部分の割合に応じて減額されると規定されました。

### ✏ 改正民法

（賃借物の一部滅失等による賃料の減額等）
　第611条　賃借物の一部が滅失その他の事由により使用及び収益をすることができなくなった場合において、そ

> れが賃借人の責めに帰することができない事由によるものであるときは、賃料は、その使用及び収益をすることができなくなった部分の割合に応じて、減額される。

　しかしながら、賃貸人の建物や貸室の修繕・変更・改造、保守作業といった賃貸目的物の維持・管理に必要な措置によって、賃借人が一時的に目的物の一部の使用ができないことを理由に賃料が減額されるというのは、賃貸人としては避けたいところです。

　そこで、このような事由によって賃貸目的物が一時的に使用できなくなっても、賃料は減額されないという特約を設けておくことが有用です。

## (2) 賃貸目的物内のサーバーやパソコン等のデータ・情報等が滅失した場合における軽過失の免責と賠償額の制限

　地震・風水害、火災、停電・漏水事故および盗難事故等によって、賃借人に損害が発生した場合、賃貸人に帰責事由がなければ免責されるはずですが、建物の管理についてわずかな過失があった場合でも、賃借人の損害が大きい場合には、賃貸人が高額な損害賠償責任を負わなければならないというリスクがあります。

　特に近時、オフィスビルを事務所として賃貸する場合、賃借人は賃貸目的物内にサーバーやパソコン等を設置していることが通常であり、それらが毀損してデータ等が消失した場合には、賃借人の業務に重大な支障が生じて、多額の損害が発生する可

03　免責条項

能性があります。

　そこで、こういった自然災害や不可抗力などによって賃借人所有の動産やデータ等が毀損されたことによる損害については、賃貸人の軽過失によるものを免責し、賃貸人の重過失によるものについては損害賠償の上限を定めることによって、賃借人からの高額な損害賠償請求によるリスクを軽減させることが必要です。

　以上の(1)(2)を盛り込んだ特約例を以下に紹介します。

---

（免責）
第○条
1　賃貸人が必要と認める本建物及び本貸室の修繕・変更・改造、保守作業、並びにそれらに伴う停電・断水等により、賃借人の被った損害に対しては、賃貸人はその責めを負わない。ただし、賃貸人の故意又は重過失による損害についてはこの限りではない。
2　前項により賃借人が本建物及び本貸室を一時的に使用収益できなくなったとしても、それによって賃料は減額されないものとする。
3　地震・風水害、火災、停電・漏水事故及び盗難事故等の事由に基づく、本建物内の動産、造作設備及びサーバー・コンピューター等のデータ・情報等の全部又は一部の滅失若しくは破損等賃借人の被った損害に対しては、賃貸人は故意又は重過失がない限りその責めを負わない。
4　賃貸人の重過失により賃借人が第1項又は前項に定める損害を被った場合、賃貸人は賃料の3か月相当額を上限としてその損害を賠償する責めを負う。

# 04 迷惑行為に対するヘッジ

## (1) 禁止条項に基づく債務不履行解除

　迷惑行為者をはじめとした近隣トラブルを放置してしまうと、迷惑行為を行った居住者と他の居住者との間でトラブルが生じるほか、他の居住者である賃借人から賃貸人に対し、損害賠償を請求される場合もあります（大阪地判平成1・4・13判タ704号227頁）。このような不良賃借人が入居している不動産には入居者が寄り付かず、賃料収入が減っていき、資産価値も下がってしまいます。住民同士で刑事事件に発展するような事件が起きた場合には、事件内容によっては「事故物件」となってしまって、賃借人を募集するにしても、将来的に物件を売却するにしても、事故物件であることを告知する義務まで生じかねません。

　そこで、複数の居住者が共同で生活するアパート、マンション等の集合住宅においては、迷惑行為を行うような不良な賃借人に対し、適切に対応をとる必要があるのです。

　そもそも、賃貸借契約において、賃借人は、「契約又はその目的物の性質によって定まった用法に従い、その物の使用及び収益をしなければならない」として用法遵守義務を負うものとされており（民法616条、594条1項）、近隣の居住者の迷惑となるような行為や平穏な生活を脅かす行為は用法遵守義務違反となり得ます。

　それゆえ、賃貸人としては、特段の規定がなくても、用法遵

守義務違反の問題が発生した場合は、この条文を根拠に賃借人に責任追及すれば足りるのではないかとも考えられます。

しかし、一般的に賃借人が用法遵守義務を負うとしても、その具体的な内容が判然としないばかりか、義務違反の内容は事案によって異なり得るところです。そのため、用法遵守義務の内容については、できる限りあらかじめ具体化しておく必要があります。

したがって、まずは、**①禁止する迷惑行為を特定**する必要があります。

ただし、賃貸借契約において種々の用法を想定して禁止行為を定めたとしても、賃貸借契約は、継続的な契約であるがゆえに、契約を解除するためには、賃貸借契約の基調である信頼関係を破壊するに足りる特段の事情を要するものとされています（最判昭和39・7・28民集18巻6号1220頁等）。それゆえ、禁止行為の違反があれば直ちに賃貸借契約の解除が法的に認められるものでもありません。

そこで、**②迷惑行為を許さない賃貸人としての断固たる対応**が必要です。迷惑行為の都度、**③迷惑行為に関する記録**をとって、それをもとに賃借人に中止を求めるという積み重ねによってのみ、賃貸借契約の解除が法的に認められるといってよいでしょう。

以下、具体的に検討します。

### ① 禁止する迷惑行為の特定

まず、賃貸借契約を締結する際に、迷惑行為を禁止する旨の特約条項を設け、いかなる行為が禁止行為となり、用法遵守義務に違反することとなるかを明確にしておく必要があります。

禁止行為を規定する際には、危険物の取扱い、排水管等の設備への影響、騒音、異臭、ペットの飼育、反社会的勢力との関

係、近隣居住者との関係、共用部分の利用等が視点として考えられるところです。

このような禁止条項の一例を挙げると、次のような内容となります。

● 禁止条項の例 ●

- 鉄砲、刀剣類又は爆発性、発火性を有する危険な物品等を製造又は保管すること。
- 大型の金庫、その他重量の大きな物品等を搬入し、又は備え付けること。
- 排水管等を腐食させるおそれのある液体を流すこと。
- 大音量でテレビ、ステレオ等の操作を行うこと。
- ピアノ、バイオリン等の楽器を演奏すること。
- ゴミの放置、不潔、悪臭のする物品の持ち込みをすること。
- ペットを飼育すること。
- 反社会的勢力の事務所その他の活動の拠点に供すること。
- 反社会的勢力を居住させ、又は出入りさせること。
- 本物件又はその周辺において、著しく粗野若しくは乱暴な言動を行い、又は威勢を示すことにより付近の居住者又は通行人に不安を覚えさせること。
- 階段、廊下等の共用部分に物品を置くこと。
- 階段、廊下等の共用部分に看板、ポスター等の広告物を掲示すること。

## ② 迷惑行為を許さない賃貸人としての断固たる対応

次に、迷惑行為を行う賃借人に対し、都度きっちりと注意や

改善要求等の適切な対応をとることが必要です。迷惑行為が行われていると認識しているにもかかわらず、安易に契約更新をしてはいけません。

　前述した通り、賃貸借契約を解除するためには、単に用法遵守義務違反の事実があるのみでは足りず、信頼関係を破壊するような特段の事情も必要であるところ、賃借人が賃貸人の注意、改善要求等に応じない場合は、裁判において、信頼関係が破壊されていると認定されやすくなります。他方で、賃貸人が、注意や改善要求をしていない場合や、迷惑行為が行われていることを認識していながら、賃貸借契約を更新した場合などは、迷惑行為を黙認していると認定され、信頼関係が破壊されているとは言えない事由として斟酌される可能性があります。

　したがって、賃貸人としては、やるべきことはやっているにもかかわらず、賃借人の改善が図られないということを指摘する必要があります。

### ③　迷惑行為に関する記録

　最後に、迷惑行為が行われた事実のほか、当該迷惑行為によって、どのような影響が生じているかを証拠化しておく必要があります。

　賃貸借契約を解除する際は、解除の有効性が争われて裁判となることも少なくはありません。迷惑行為が行われていた事実自体が争われることもあります。そのため、裁判では、これまでどのような迷惑行為が行われ、それによってどのような影響が生じていたかを詳細に主張していくことが必要となります。

　例えば、迷惑行為が、一時的なものではなく継続して行われていたこと、注意をしても改善されないこと、他の居住者から頻繁に苦情が出ていること、迷惑行為によって退去した居住者がいること、警察を呼ぶような騒動に発展したことがあること等の事由です。これらの事由については、写真を撮る、録音す

る、書面化する等の方法により、できる限り記録化しておきましょう。

## (2) 定期借家契約によるヘッジ

　以上のように、迷惑行為を特定して賃貸借契約に盛り込み、それに違反した賃借人に断固たる対応をして、信頼関係が破壊されたとして債務不履行解除をしていく段取りに対しては、賃借人からは相当の抵抗が予想されます。そのような迷惑行為を行う賃借人ですので、解除に対してもそのまま受け入れることはせず、訴訟に持ち込まれて長期化することも予想されます。そうなると、賃貸人の心理的ストレスも膨らむことでしょう。

　そこで、そもそもの賃貸借契約を定期借家契約としておくことが有用です。

　定期借家契約は、160頁の通り、期間満了により必ず終了する契約ですので、契約の更新はありません。そうすると、迷惑行為を行う賃借人とは、期間満了時点で契約終了とすればよいことになります（ただし賃貸人は、期間が満了する1年前から6か月前までの間に、賃借人に対して、期間の満了により契約が終了することを通知しておく必要があります）。

　もちろん、定期借家契約による場合でも、新たに合意をして契約を結びなおすこと（再契約）は可能ですが、賃貸人の判断で当該賃借人と再契約するかどうかを選択することができるのです。都心部の高額物件にはこぞって定期借家契約が導入されています。共用部のパーティールームや各居室で毎夜パーティーを開催して騒音を出す賃借人に対して、大手賃貸人は契約期間が満了すると再契約しないという話はよく聞きます。

　定期借家契約によっても、契約期間中はすぐに退去させることはできず、(1)の順序に従い、毅然とした対応をとることにな

りますが、契約期間が満了すれば退去させられるという点で、かなりのリスクヘッジとなります。

# 無催告解除特約

　賃借人に債務不履行があった場合、民法541条で法定解除できますが、原則として、解除する前に相手方に対する催告（このまま債務不履行が解消されない場合は契約解除するという警告）が必要です（例外として民法612条2項による無断転貸等解除の場合は催告不要）。

　ところが、例えば賃借人が賃料を3か月分滞納しているので、賃貸人が契約解除しようとして、この催告をしたところ、賃借人が慌てて全額を支払ってきた場合は、債務不履行状態が解消されますので、もはや解除できなくなります。言葉は悪いですが、せっかく解除して立退きを強制できるチャンスがあったにもかかわらず、そのチャンスを逃すことになります。問題のある賃借人や、賃料の低いまま長年更新されてきた賃借人に退去してもらい、新たな質の良い賃借人に入れ替えることはリスクマネジメントとして必要です。

　そこで、実務では、賃貸借契約に際して無催告解除特約が付されるのが一般的です。この特約があれば、賃貸人に解除権が発生した場合には、基本的に催告なしで解除することができます。

　もっとも、賃貸借契約は当事者間の信頼関係を基礎とする継続的契約ですから、裁判所はこれを修正します。つまり、無催告解除特約がある場合でも、当然に無催告解除できるわけではなく、「契約を解除するに当たり催告をしなくてもあながち不合理とは認められないような事情が存する場合」でなければならないとしているのです（最判昭和43・11・21民集22巻12

号 2741 頁)。

　他方で、無催告解除特約が無い場合には、催告なしで解除することはまったくできないようにも思われます。しかし、裁判所は、無催告解除特約が無い場合でも「信頼関係を裏切って、賃貸借関係の継続を著しく困難ならしめるような不信行為」があった場合には、無催告で解除できると、ここでも修正しているのです（最二小判昭和 27・4・25 民集 6 巻 4 号 451 頁）。

　裁判所は、賃貸人と賃借人の双方の利益のバランスを図っているのですが、いずれにせよ、無催告解除特約がある場合のほうが、無催告で解除できる可能性が高くなります。

---

「契約を解除するに当たり催告をしなくてもあながち不合理とは認められないような事情」
　　＝認定のハードル低い
「賃貸借関係の継続を著しく困難ならしめるような不信行為」
　　＝認定のハードル高い

---

これを整理すると以下のようになります。

---

**信頼関係の破壊なし**
　　：解除できない。
**信頼関係の破壊あり・無催告解除特約あり・「契約を解除するに当たり催告をしなくてもあながち不合理とは認められないような事情」あり**
　　：無催告で解除できる。
**信頼関係の破壊あり・無催告解除特約あり・「契約を解除するに当たり催告をしなくてもあながち不合理とは認められないような事情」なし**
　　：催告のうえ相当期間経過後であれば解除できる。

**信頼関係の破壊あり・無催告解除特約なし・「賃貸借関係の継続を著しく困難ならしめるような不信行為」あり**
：無催告で解除できる。
**信頼関係の破壊あり・無催告解除特約なし・「賃貸借関係の継続を著しく困難ならしめるような不信行為」なし**
：催告のうえ相当期間経過後であれば解除できる。

# 06 法定更新でも更新料確保

第3章で紹介したように、更新料の授受を定めていたとしても、賃貸借契約が法定更新された場合、更新料の支払が認められない場合があります。このようなリスクは排除すべきです。

## (1) 法定更新

建物の賃貸借契約は、通常2年ないし3年の契約期間が定められていますが、契約をした当時の状況とは変更が生じ、建物の建替えをしたい場合や賃借人との関係が悪化してしまった場合には、賃貸人としては、契約を更新せずに建物の明渡しを求めることになります。

もっとも、このような場合、賃借人としては、契約を更新して引き続き建物を利用したいと考える場合もあり、お互いの利害が対立することが少なくないうえ、賃貸人が更新を拒絶するためには、正当な事由が要求されており、簡単に更新拒絶が認められるものでもありません（借地借家法28条。56頁参照）。

そして、正当事由を備えた更新拒絶がなされないと賃貸借契約は法定更新されてしまいます（借地借家法26条1項）。

### 📝 借地借家法

（建物賃貸借契約の更新等）
第26条　建物の賃貸借について期間の定めがある場合において、当事者が期間の満了の1年前から6月前までの間に相手方に対して更新をしない旨の通知又は条

> 件を変更しなければ更新をしない旨の通知をしなかったときは、従前の契約と同一の条件で契約を更新したものとみなす。ただし、その期間は、定めがないものとする。
> 2 前項の通知をした場合であっても、建物の賃貸借の期間が満了した後建物の賃借人が使用を継続する場合において、建物の賃貸人が遅滞なく異議を述べなかったときも、同項と同様とする。

## (2) 更新料の請求

では、賃貸借契約が法定更新されてしまった以上、賃借人に更新料を請求することができるかというと、更新料の支払すら争われてしまう場合があります。

そもそも、更新料の支払義務については、168頁で紹介した通り、従前、消費者である賃借人の利益を一方的に害するものであることから、消費者契約法10条に違反し無効であると争われていましたが、賃貸借契約書に一義的かつ具体的に記載されており、その金額が高額に過ぎるものでなければ更新料の支払を定めた条項も有効と判断されています（最判平成23・7・15前掲民集65巻5号2269頁）。

もっとも、更新料の支払を定めた条項が有効であるとしても、当該条項が法定更新の場合にも適用されるか否かは、別途問題となります。

すなわち、賃貸借契約の更新には、お互いが更新することを合意する「合意更新」と、お互いの合意がない場合であっても借地借家法に基づき当然に契約が更新される「法定更新」があります。

そして、賃貸借契約書において、例えば次のような更新条項

が定められた場合、合意更新と法定更新の場合で結論が異なります。

> 「賃貸借期間満了の場合は、貸主と借主が協議の上、本契約を更新することができる。前項により本契約を更新する場合には、乙は甲に対し更新後の賃料の1か月分の更新料を支払うものとする。」

合意更新の場合には、上記条項に基づき更新料を請求することができます。

これに対し、法定更新の場合には、上記条項は、お互いが協議のうえで契約を更新する場合を対象としており、合意更新の場合のほか、法定更新の場合にも更新料を支払う合意をしたものとは認められないことから、更新料の請求をすることはできません（東京地判平成23・4・27）。

このように、法定更新となる場合も想定して更新条項を定めておかないと、更新拒絶が認められないばかりか、更新料すら支払ってもらえなくなるリスクがあります。

## (3) 法定更新でも更新料請求

そこで、更新条項については、合意更新か法定更新かを問わず、いずれの場合であっても更新料を請求することができるよう工夫しておく必要があります。

ポイントとしては、次のように合意更新の場合に限定せず、更新料を支払うことを規定しておくことです。

> 「本契約が合意により更新された場合、若しくは法定更新された場合（法定更新後は以後2年ごと）、借主は貸主に

> 対し、更新後の賃料1か月分の更新料を支払うものとする。」

　もっとも、法定更新がなされた場合、その後の契約期間は期間の定めのない借家契約となります（借地借家法26条1項ただし書）ので、その後も定期的に更新料を支払う旨の合意の有効性について明確に判断した裁判例は見受けられず、いまだ争われる余地が残っていることには留意する必要があります。

　賃貸人としては、少しでもリスクを軽減する方法を検討したうえで、不測の損害を被らないようにしておきましょう。

# 共有トラブルの予防

相続をきっかけとして親族間でトラブルが起こることはよくあります。不動産を複数の相続人で相続すると共有になりますので、管理や処分行為が制約されてトラブルの原因になりやすいのです（民法251条、252条）。

そこで、不動産の共有はなるべく避けたいところですが、現物分割や換価分割を試みたとしても、親族間の合意が得られなければ共有物分割の請求によるほかなく、訴訟の進行状況によっては争いの長期化は避けられません。

このような共有トラブルは結構なリスクです。不動産価格が上昇しているタイミングで上手に売り抜けようと思っても、共有者の1人でも反対すれば売却できません。自分の持分のみを売却することは理論的には可能ですが、実際問題、そのようなトラブルとなっている物件の一部持分はかなり安く買い叩かれることになります。すると、管理もままならないまま放置され、不動産としての価値は下落する一方です。

### 民法

(共有物の変更)
第251条　各共有者は、他の共有者の同意を得なければ、共有物に変更を加えることができない。

(共有物の管理)
第252条　共有物の管理に関する事項は、前条の場合を除き、各共有者の持分の価格に従い、その過半数で決す

> る。ただし、保存行為は、各共有者がすることができる。

　この点、**民事信託**を使えば、受託者に権限が集中するため（権限移譲機能）、管理・処分行為をスムーズに進められます。

　民事信託とは、自分の財産を信頼できる人または法人に預けて、預ける目的に従って、管理・運用・処分してもらうことを言います。信託において、財産を預ける人を委託者、預かる人を受託者と言い、「預けられた財産から利益を得る人」を受益者と呼びます。預けられた財産を信託財産と言います。

　民事信託により、委託者が所有していた信託財産は、受託者により管理されることになります。不動産の信託の場合、受託者が所有者となる旨、登記されます。これにより、受託者のみが信託財産を排他的に管理処分できるようになるのです。

●図表 4-2　民事信託●

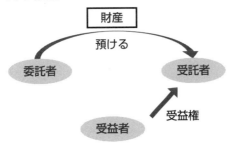

　相続の場面では、被相続人があらかじめ自己の所有する不動産を信託財産として、相続人の中の1人を受託者に指名し、管理・処分権限を集中させておきます。相続人全員で管理・処分する場合はトラブルとなり得ますが、相続人の中の1人で管理処分するのであれば、トラブルは起きません。また、相続財産である受益権については、相続分に応じて各相続人が取得する

ことにしておけば、不公平ということもありません。

　このように、民事信託を活用して相続人間のトラブルを予防する方法があります。

> 　詳しくは、当法人編著『相続対策イノベーション！ 家族信託に強い弁護士になる本』（日本法令）をご覧ください。

# 08 資産凍結リスクのヘッジ

　民法の大原則として、意思能力のない者のした意思表示は無効です。例えば、不動産を所有している人が認知症を発症した段階で、不動産を売却しようとしても、有効に売買契約を締結することはできません。不動産を好きなタイミングで売却できないというのは結構なリスクです。

　そこで、多くの場合、成年後見制度が利用されるのですが、成年後見制度はあくまで本人の誤った判断を阻止して本人の財産を保護する制度ですので、あえて不動産を売却する積極的な理由がないと、売却できません（成年後見人が売却に応じなかったり、家庭裁判所が許可しないということはよくあります）。認知症になる前の本人の意思は「タイミングよく不動産を売却したい」というものであった場合でも、その意思は尊重されるとは限りません。不動産を売却して得た資金を、自らの特養老人ホーム入居費用に充てようと思っていても、不動産は簡単には売却できません。本人が亡くなって相続人に引き継がれるまでは、不動産は塩漬けとなります。まさに、財産の凍結です。

　この点、民事信託を用いれば、不動産の売却権限をあらかじめ受託者に移行させるので（権限移譲機能）、本人がその後に認知症等で意思無能力者となっても、問題なく不動産の売却をすることができます。

　このように、民事信託には、財産が凍結するのを防止する効果があるのです。

詳しくは、当法人編著『相続対策イノベーション！ 家族信託に強い弁護士になる本』（日本法令）をご覧ください。

# 09 夫婦財産契約

　結婚している投資家が配偶者と離婚することになった場合、自身の名義の不動産が財産分与の対象になってしまう可能性があります。財産分与とは、婚姻生活中に夫婦で協力して築き上げた財産を、離婚の際にそれぞれの貢献度に応じて分配することをいいます。法律にも、離婚の際には、相手方に対し財産の分与を請求することができる（民法768条1項）と定められています。

　自身の不動産投資の手腕によって資産を拡大してきたにもかかわらず、離婚する配偶者にその資産を分与することになるのはリスクと考える投資家もいることでしょう。このリスクはコントロールできるでしょうか。

　まず、夫婦の一方が単独で所有する財産として、「特有財産」というものがあります。

　特有財産とは、「婚姻前から片方が有していた財産」と「婚姻中に自己の名で得た財産」のことを言います（民法762条1項）。また、「婚姻中であっても夫婦の協力とは無関係に取得した財産」についても、特有財産とされています。「婚姻前から片方が有していた財産」とは、例えば、独身時代に貯めた定期預金などが考えられます。「婚姻中であっても夫婦の協力とは無関係に取得した財産」とは、例えば、婚姻中に発生した相続によって得た不動産などが考えられます。ただし、特有財産にあたる財産でも、婚姻後に夫婦が協力したことによって価値が維持されたといえる場合や、価値が増加したのは配偶者の貢献があったからだといえるような場合には、貢献度の割合に応じ

て財産分与の対象とされる場合もあります。

### ✏️ 民法

> （夫婦間における財産の帰属）
> 第762条　夫婦の一方が婚姻前から有する財産及び婚姻中自己の名で得た財産は、その特有財産（夫婦の一方が単独で有する財産をいう。）とする。
> 2　夫婦のいずれに属するか明らかでない財産は、その共有に属するものと推定する。
>
> （財産分与）
> 第768条　協議上の離婚をした者の一方は、相手方に対して財産の分与を請求することができる。

　以上からすると、自身の不動産投資の手腕によって獲得した資産についても、財産分与の対象となる可能性が十分あります。
　そのため、欧米では夫婦財産契約といって、婚前に書面を交わす例が見られます。夫婦財産契約とは、夫婦の財産について、法定財産制とは異なる取り決めを行う財産契約のことです。日本でも、民法756条に規定されています。

　この夫婦財産契約を利用すれば、公序良俗に反しない限り、離婚するときの財産分与についてあらかじめ定めておくことができます。「婚姻中に夫婦が取得する財産をすべて夫の所有にする」という条項は、公序良俗に反すると思われますが、財産の帰属に関し「自己の名で得た財産は特有財産とし、他方の寄与は考慮しない」と定めたうえで、「夫婦の一方の所有とされた財産は、離婚の際の財産分与の対象としない」「互いの特有財産は財産分与の対象外とする」というような条項を入れてお

けば、離婚の際の財産分与がらみの紛争を回避し得ます。

夫婦財産契約には、いくつかの注意事項（要件）があります。

① 夫婦財産契約は、婚姻届けを出す前にしなければならない
② 夫婦財産契約の登記をする必要がある（承継人・第三者への対抗要件）
③ 夫婦財産契約を締結した後は、変更ができない

これらに注意して契約手続をする必要があります。

### 民法

（夫婦の財産関係）
第755条　夫婦が、婚姻の届出前に、その財産について別段の契約をしなかったときは、その財産関係は、次款に定めるところによる。

（夫婦財産契約の対抗要件）
第756条　夫婦が法定財産制と異なる契約をしたときは、婚姻の届出までにその登記をしなければ、これを夫婦の承継人及び第三者に対抗することができない。

（夫婦の財産関係の変更の制限等）
第758条　夫婦の財産関係は、婚姻の届出後は、変更することができない。

# 10 海外不動産投資

## (1) 3つのメリット

不動産の投資対象は国内に限りません。リスクマネジメントの観点からは、以下の**メリット①〜③**を得られるという理由で、海外不動産投資、特に米国の築古物件をお勧めします。

> **メリット①** ドル建て資産も保有することで、リスクを分散できる
> **メリット②** 米国の不動産市場は右肩上がりであり、キャピタルゲインが期待できる
> **メリット③** 築古物件であれば、個人の所得税を節税できる

**メリット①**については、為替が円安に進むことも考慮し、日本円のみを持っているよりも、ドル建て資産も持っていることがリスクの分散となります。

**メリット②**については、日本国内は人口減少時代に突入していますので、海外の不動産も持っておくことで、グローバルにリスクを分散しておくことができます。

このように、**メリット①②**でリスクを分散しておきつつ、**メリット③**で最も直接的に利益を享受します。

## (2) 節税狙いの成長国投資

ここでは、日本人の行う海外不動産投資について、節税（メ

リット③）狙いの成長国投資を紹介します。

　不動産所得の申告においては、家賃収入を得るための管理費や修繕費、ローンの支払金利等に加えて、建物の減価償却費も不動産所得から差し引くことができますので、税務上の不動産所得を大幅に圧縮することができます。また、減価償却費を費用計上したことよって、税務上の不動産所得が赤字になる例は多いですが、不動産所得は給与所得など他の所得との「損益通算」も可能です（**節税理由①**）。

　そして、減価償却の対象となるのは建物部分だけであるため、日本のように不動産価値に占める土地と建物の評価比率が「土地：建物＝8：2」と、土地の割合が高い国の不動産では、節税効果は低くなってしまいますが、海外では建物価値のほうが高く評価されるのが一般的であるため、日本よりも高い節税効果が期待できます（**節税理由②**）。

　例えば、ハワイの場合、一般的に土地と建物の評価比率は「土地：建物＝2：8」程度と、土地より建物のほうが高く評価されるなど、日本とは真逆の割合となっており、減価償却による節税効果は日本よりも大きくなります。

　加えて、海外の不動産所得についても、日本の居住者である場合、税制では国内・海外の区別はなく、減価償却費を活用することで、購入した不動産の建物部分を法律で定められた耐用年数で配分して、日本で費用計上することができます。日本の税制では、築22年を超えた法定耐用年数以上の木造住宅は「4年間での加速度償却」が認められているため（築47年を超えた鉄筋コンクリート造は、日本においては「9年間での加速度償却」が可能）、結構な金額を経費で計上して、大胆な節税を可能としています（**節税理由③**）。

したがって、日本で所得の多い富裕層は、海外の先進国で築年数の古い物件をあえて購入して、物件の減価償却費を自身の役員報酬や給与所得に損益通算しているのです。

　当然、物件を売却した際に譲渡所得が出ますので、その際に所得税を支払いますが、5年超の長期譲渡所得であれば税率が20％程度ですので、役員報酬で最高税率（55％程度）を支払うよりも節税となります。

## (3)　簡易シミュレーション

　以下に、具体的なシミュレーションを紹介します。私はこのスキームでハワイに物件を購入しました。購入時の価格は当時の日本円換算で2億7,200万円（土地：建物＝1：9）です。この物件を10年間賃貸に出して、10年後に購入時と同じ価格で売却した場合のシミュレーションです。

●図表4-3　簡易シミュレーション●

不動産所得＝

|  | 1年目〜9年目（それぞれ） | 10年目 | 10年間累計 |
|---|---|---|---|
| 賃料収入 | 12,000,000 | 12,000,000 | 120,000,000 |
| 減価償却費 | ▲27,200,000 | 0 | ▲244,800,000 |
| ランニングコスト | ▲8,500,000 | ▲8,500,000 | ▲85,000,000 |

↓

不動産所得累計＝▲209,800,000円…①

$$譲渡所得 = 272{,}000{,}000\,円 - 27{,}200{,}000\,円（建物0円 + 土地27{,}200{,}000\,円）= 244{,}800{,}000\,円 \cdots ②$$
$$節税効果 = ① \times 55.945\% - ② \times 20.315\%$$
$$= 67{,}641{,}490\,円$$
$$CF = 賃料収入（120{,}000{,}000\,円）- ランニングコスト（85{,}000{,}000\,円）+ 節税効果（67{,}641{,}490\,円）$$
$$= 102{,}641{,}490\,円$$

1か月の賃料収入が仮に100万円として、年間賃料収入1,200万円、10年間の累計は1億2,000万円となります。

減価償却費として、物件価格（2億7,200万円）の9割＝2億4,480万円について、1年目から9年目で償却します。

ランニングコストとして、建物管理費や固定資産税の支払、金利負担[※1]等がありますので、年間850万円、10年間の累計で8,500万円と推定します（海外の不動産は管理費や金利が日本よりも高くなるので、経費が過大となる傾向にあります）。

以上の差し引きで、不動産所得は10年間で2億980万円の赤字となります（①）。

続いて、10年目に購入時と同じ価格で物件を売却したと仮定して、譲渡所得を計算します。売却代金（2億7,200万円）から取得費を引くことになりますが、取得費のうち建物価格は償却済みですので、これを引くことはできず、土地価格（2,720万円）のみを引きます。

そうすると、譲渡所得は2億4,480万円となります（②）。

---

※1　金利の支払いは、元金が返済されるにしたがって減っていきますが、ここでは簡易シミュレーションにつき一定としています。

そして、不動産所得に対する税率と、譲渡所得に対する税率は異なりますので、それぞれを適用すると、10年間で6,764万1,490円の節税効果が理論上得られることになります[※1]。

　以上を前提に、結局いくら得をするのかというCFを計算します。
　入ってくる賃料収入1億2,000万円から出ていくランニングコスト8,500万円を引きます。これに税効果6,764万1,490円を加えると、10年間でCFは1億円超のプラスとなることが分かります。

　リスクとしては、

- 賃料収入が空室等で予想よりも減るリスク
- 10年目で物件を売却する際に、購入時よりも値下げして売らざるを得ないリスク
- 為替が円高に振れるリスク

等が挙げられます。

　また、個人の所得税が10年間最高税率で課税されること、そして、税制自体も10年間改正されないことを前提としています。
　実際にスキームを実行する際には、税理士の助言を得て行ってください。

---

[※1] 簡易シミュレーションです。各種控除は考慮していません。詳細は税理士にご確認ください。

## コラム⑩ 「持ってよし、売ってよし」という投資ポジション

　私個人の金融資産はすべて円預金だったのですが、先日、その半分をドル転しました。結構な金額でしたので、銀行に交渉して1ドル10銭の手数料でやってもらいました。普通は1ドル1円とられます。その後、(これも交渉ですが) 金利2.7%で外貨定期預金に入れています。

　円とドルは、両方持っておけば、リスクヘッジとなります。ドル転したときよりも円高に振れれば、ドルのまま持ち続ければよいですし、円安に移行したら利益確定して円転してもよいでしょう。仮に100万ドル相当の日本円について、1ドル＝106円でドル転したとすると、為替が1ドル＝110円になれば400万円の利益となります。1ドル＝100円あたりで停滞されても、年間2万7,000ドルの金利をもらい続ければ問題ありません。そして、1ドル＝107円以上になるのを待ちます。

　同じことは不動産投資でも言えます。私の投資手法は、都心駅近の土地を購入して、一棟レジを建築するものです。完成後、金融機関の貸出態度が良かったり、景気が好調であれば、開発利益を乗せて売却します。完成時に景気が悪く、融資が引き締められてしまうと売却は難しくなるのですが、その場合は無理に売らずに、賃料を受け取り続ければよいだけです。

　かつて、リーマンショックが来ようと、都心の住宅の賃料は下がりませんでした。これは、上記のように外貨をメガバンクで定期預金するのと同じ安定性があります。

要するに、「持ってよし、売ってよし」という投資ポジションを築くことが重要です。
　預金がギリギリで、医療費等の急な出費のために日本円が必要になるといった場合は、円高のタイミングで外貨を円転せざるを得なくなる可能性があります。同様に、余剰資金もないのに不動産をフルローンで購入すると、大規模修繕や金利上昇のタイミングで返済ができなくなり、景気の悪い時期に物件を投げ売りせざるを得ないことになります。これではリスクコントロールができません。

　「持ってよし、売ってよし」という投資ポジションで戦うことが重要です。

# 第5章

## 不動産コンサル事例

## 01 オポチュニティ型〜立退きの段取り（定借への切替え→代替地および立退料提供→訴訟提起）

　私の顧客である不動産開発業者から、立退きの依頼を受けました。港区六本木に位置する敷地200坪ほどの古いテナントビルですが、テナントは30社ほどで、すべて普通借家契約です。建物の築年数は50年経過しており、老朽化により毎年のように修繕費が発生して、かつ、賃料も長年据え置きで、低い水準のままで収益性も悪いため、クライアントとしては、テナントに退去してもらい、古ビルを取り壊して、新たに収益ビルを建築したい意向でした。

　ところが、テナントとの契約は普通借家契約ですので、契約の更新拒絶には正当事由が必要なことは前述した通りです。そして、私の経験上、このままの状態で立退きの訴訟を提起しても、たとえ築年数が古く、耐震性が脆弱であるとはいえ、裁判所に正当事由を認定してもらうのは極めて困難であると思われました。30 ものテナントが現に事業を行っており、現状満室経営であるので、裁判所としては「現状維持」の判断をすると思われたからです。30 社それぞれで事情も異なるでしょうが、生活の基盤として事業を行っているテナントもいることですし、それをわざわざ全社退去させるという判断をすることは、裁判所も取り難いはずでした。

　そこで、私のとった戦略は以下の通りです。

① 4年後に立退きを完了させる期限を設ける
② 各テナントに対して、順次、任意の交渉をして、4年

後に契約を終了させるべく、現在の普通借家契約を合意解除して、新たに定期借家契約を締結する
③ ②の交渉材料として、向こう4年間の賃料を下げてあげたり、契約更新時の更新料を無償とするなど、テナントに経済的メリットを与える
④ ②の交渉が難航するテナントに対しては、逆に賃料増額の請求をすることで、賃料を適正な水準にする
⑤ 交渉がまとまらない間に、経営状況が悪化するテナントが出てきて、賃料の支払を滞納する場合には、債務不履行解除をして明渡しを求める
⑥ 2年程度経過した時点で、定期借家契約に応じたテナントとそれまでに退去したテナントが合計25社となり、残り5テナントとなったので、5社に対して、改めて立退きの提案をする(立退料の支払や、代替地の紹介)
⑦ ⑥の交渉により残り2社のみとなったので、この時点で初めて訴訟を提起する
⑧ 訴訟の過程では、当方から時間をかけて真摯に交渉をしてきたこと、代替地や立退料の支払の提示をしたにもかかわらずテナント側が合理的な理由なく拒否したこと、テナントの業種からして現在のビルでないと事業ができないわけではないこと等を主張する

　以上の経過により、2社に対して裁判所より引換給付(立退料の支払を条件に正当事由を認める)の判決を得ることができました。30社中28社が退去に応じており、強制的に契約を終了させるのは2社のみということで、裁判所もそのような判断を下しやすくなった事例です。

# リスクマネジメント（共有トラブル）〜養育費の死守＝教育資金一括贈与と不動産信託

　いわゆる「愛人」からの相談です。愛人Aさんは、資産家のBさんとの間で長男Cを授かり、BはCを認知して、養育費の支払をしてきました。ところが、Bの妻DはAとCの存在に気付き、Bを問い詰めて、その結果BはCに対する養育費の支払をストップしたという事案です。そこで、Aが私に相談してきました。

●図表5-1　愛人Aさんの相談●

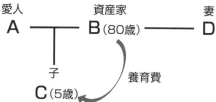

　相談内容は、養育費の請求でしたが、私は以下の潜在的リスクがあると判断しました。

○　Bは高齢（80歳）であるのに対し、Cは幼少（5歳）であるので、Cが成人するまでの養育費や教育資金の確保は途中で頓挫する可能性がある（Bが死亡すれば終了）
○　Bは遺言を書いていなかったので、Bの相続発生時は、相続人DとCが2分の1ずつの法定相続をすることになるが、DのC、Aに対する感情的な問題から、遺産分割は難航することが予想される

○ Bの主な遺産は都心の収益不動産E（時価5億円）であったが、預貯金はそれほどないため、DとCで不動産を共有する可能性が高く、その場合、不動産の管理に支障が生じる

そこで、私は以下の提案をしました。

① 養育費の支払を約束する**公正証書**の作成
② BからCに対して、**教育資金**として1,500万円の一括贈与
③ 不動産Eについて、信託銀行を受託者として信託をして（**不動産信託**）、受益権をDとCで2分の1ずつ相続する内容の信託契約を締結する（遺言代用信託）。

まず、①**公正証書**があれば、今後万一Bが養育費の支払を停止しても、裁判を経ずしてBの財産に強制執行をすることができるようになります。

次に、②**教育資金**としてBからCに一括で1,500万円を贈与してもらえれば、Bが早期に死亡した場合でも、Cの教育資金は確保できることになります。本制度は、孫や子等の直系卑属に対する1,500万円までの教育資金の贈与が非課税になるという制度です。用途は教育に関することに限定されますが、110万円を大幅に超える非課税枠があるため、一括で多くの贈与を行うことができます。信託銀行などに専用の口座をつくり、そこにお金を預けることで30歳未満の孫や子等が教育資金として利用できます。

この贈与の後にBが死亡しても、Cは返金する必要はありません。

さらに、Bに③**不動産信託**（不動産の管理を目的とする信託で、信託銀行等「受託者」は、個人や法人「委託者」から信託された不動産の管理に関する包括的な業務（例：テナントの募集、賃料の収受）を行う）をしてもらうことで、高齢のBにとっても、専門家である信託銀行等（受託者）が委託者Bに代わって不動産の管理等を行うので、煩雑な不動産の管理事務を軽減することができます。加えて、**遺言代用信託**を組み合わせることで、委託者Bが生存中はBを受益者に、B死亡時にはDとCを受益者と指定しておけば、DとCの遺産分割を経ずして円滑に不動産を引き継ぐことができます。そして、管理は信託銀行が行いますので、共有の問題も生じません。

　この点、遺言があれば遺産分割の混乱は回避できますが、不動産を共有する問題は解決できませんので、相続対策をするにあたっては、遺言の他に民事信託は必須のツールとなります（**第4章07**参照）。

## 03 バリューアッド型〜顧客の本社ビル売却（10年間賃借人の入れ替わりなしという付加価値を与えて価値向上）

　私の顧客が、東京都港区内に自社ビルを建築しました。敷地取得価格9億円に建物建築費4億円で13億円の投資でした。クライアントによると、自社ビルを建築した理由は、対外的に信用が得られ、また今後賃料を支払う必要がなくなるのでということでした。

　ところが、私は以下の理由で自社ビルの売却を助言しました。

① クライアントは自社ビル建築にあたって、10億円の借入れをしていたが、同社の売上規模からすると、借入れの負担が相当重いこと

② 当ビルは立地も良く、新築であるため、時価はそれなりに高く評価される一方で、銀行目線の担保価値は路線価や固定資産税評価額を基準に算出されるため、本物件の投資は債務超過となっていること（銀行から見たBS（バランスシート・貸借対照表）は、資産＝7億円、負債＝10億円というイメージ）

③ ①②の結果、同社が新たに借入れを起こすことは難しく、事業に何か問題が生じた際に10億円の返済が重荷になる一方で、自社ビルはそれ自体で賃料を生むわけではないので、万一の際のリスクが大き過ぎること

④ 今後の賃料を支払う必要がなくなるという理屈については、自社ビルを取得・保有するコストと支払賃料とが結局は同程度となるので、あまり意味はないこと

以上①〜④は消極的な理由ですが、私は、実は積極的な理由で売却をお勧めしました。すなわち、同ビルは完成直後でしたが、私は投資額以上の高値で売却できると判断したのです。不動産投資の醍醐味は、価値を上げることです（バリューアッド）。

　本物件で言えば、同社が、向こう10年間本社ビルとして、賃料を継続的に確実に支払うという付加価値を創出したのです。そして、そのような価値を付けたうえで、REITに売却しました。REITは、高利回りを追及するというよりも、良い立地の新しい建物で、かつ賃料が安定的に入ってくることを求めています。複数のテナントが入居していて、テナントが出たり入ったりということであれば、空室損が発生したり、都度PM[※1]費用が発生しますが、本件は1つのテナントが10年間継続して賃料を支払うということがポイントとなり、売却することができたのです。賃貸借契約を10年間の定期借家契約として、賃借人から中途解約する場合の違約金を残存賃貸借期間相当の賃料としたのです。

　この点、189頁で紹介した裁判例（前掲東京地判平成8・8・22判タ933号155頁）によると、このような違約金規定は公序良俗に違反して無効となるとも思えますが、本件は、10年間の賃料収入が原資となって売却価格が決められていますので、10年間の賃料収入は保障されるべきであり、このような特約は無効とはならないと考えられます。これが買主のREITに刺さり、年間賃料の4％の表面利回りで価格がつきました。賃料は鑑定評価をして月額600万円としましたので、18億円です。建物完成と同時に5億円の売却益ですので、クライアントは大喜びでした。

---

※1　PM（プロパティマネジメント）……主に不動産に関する資産の管理を行う業務。具体的には、建物の物理的な維持・管理業務、テナントの誘致、交渉、賃料等の請求、トラブル対応等。

# 04 オポチュニティ型～公売を阻止して、隣地を市から相対で購入

　私のクライアント丙が、リゾート地のホテル用地を購入したときの話です。丙がA地の売主甲からA地を購入する契約を締結後、その隣地（B地）を購入するべく、所有者であるC市に購入の打診をしました。B地には現在築数十年のRC住宅（全室空室）が建っていますが、将来、誰かがB地を購入後、建物を取り壊して、新たに階層の高いビルを建築すると、丙が建築するA地ホテルの眺望を阻害しますので、丙のほうで購入しておこうという判断です。C市としては、基本的にはC市のほうで既存建物を解体して、更地の状態で公売する予定であるが、既存建物の解体に5,000万円程度必要になるので、丙のほうで既存建物ごと譲り受けて、丙のほうで解体を引き受けるのであれば、相対で売却しても構わないということになりました。もちろん、丙の会社の財務内容やホテルの計画内容・実績の審査を経たうえでのお話でした。公売になると買えるかどうか確実性がなくなりますので、何とか相対で買えることになり安堵しました。

　ところが、その後、A地の隣地であるD地の所有者乙から、C市に対して、乙もB地を購入したいと意思表示がありました。A地、B地、D地の位置関係は**図表5-2**の通りです。これを見ると明らかですが、D地にとっても、B地に高い建物が建ってしまうと眺望を害されてしまうため、乙も自らがB地を保有しておきたいという考えでした。乙は少々行儀が悪い法人で、丙と甲との間でA地の売買契約が完了しているのを知りながら、残金決済および所有権移転登記が未了であることを奇貨として、甲に対して丙との売買代金を上回る金額を提示し、

A地の売却を持ち掛けたのです。

●図表5-2　丙さんが購入したホテル用地●

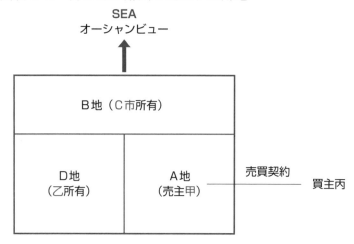

　まず、甲が丙との契約を破棄して、乙にA地の売却をする場合はどうなるでしょうか。

　丙はその土地にホテルを建築する計画を開始しており、関係各所を動かしていますので、いまさら土地が買えないという事態は「事件」です。不動産の売買においては、たとえ購入契約が先に完了しても、登記を備えなければ第三者には対抗できず、第三者が先に登記を完了してしまえば、丙は第三者に所有権を主張できません（民法177条）。したがって私は、少々焦りましたが、仲介業者経由で甲に釘を刺すことで、乙への売却をとりやめていただきました。

　丙と甲の契約では、手付解約ありでしたが（手付金＝1,000万円）、手付解除できる期限は過ぎていました。ところが、甲の言い分は、「債務不履行解除になった場合の違約金も1,000万円との条項があるので、その条項に基づいて、丙に1,000万円を支払って契約を解消できる」というものでした。しかし、

その論理は通りません。甲が引渡し義務を履行しない場合に、契約を解除して違約金を請求するかどうかは丙の自由です（民法420条2項）。丙としては、あくまで引渡しを求めて、法的手続をとることになります。仮に、甲がそれでも乙に二重に譲渡して登記も乙に移転させてしまえば、丙との契約は履行不能となりますが、その際の損害賠償は填補賠償といって、物件の時価相当となります。1,000万円では済みません。また、甲から乙にA地の所有権の移転登記をする可能性を感知した時点で、私は処分禁止の仮処分を申し立てて、乙への移転登記を防ぎます。こういった理屈をお伝えすると、甲は翻意したようでした。

　不動産の売買は、本来、契約のみで所有権が買主に移転します。登記が未了でも売主が二重に譲渡する権限はないのです。場合によっては、二重譲渡の売主は刑事責任（横領、背任等）を問われる可能性もありますので、軽く考えてはいけません。

　次に、乙もC市に対してB地の購入を表明してきた件については、私と乙の代理人弁護士との間で、以下のように解決しました。

---

① B地について、A地に接する部分については丙の所有とし、D地に接する部分については乙の所有とする
② C市からは、丙が買い受け、速やかに①の通りに分筆して丙から乙に譲渡する
③ C市に支払うB地の購入代金と既存建物の解体費用は、A地とD地の面積比で丙乙が案分して負担する

---

　これにより、問題なく丙はA地にホテルを建築することができますが、素人には手が出しにくい案件でした。だからこそA地の購入代金はそれほど高くなかったわけで、丙は良い土地を仕入れることができたようです。

## 05 バリューアッド型〜駐車場の賃料増額で利回り上昇

　私が購入した港区六本木の一棟マンションについて、購入と同時に賃料を増額して利回りを上昇した事例です。
　当該物件（住戸6戸、駐車場3台、貸し倉庫その他）の月額賃料の総額は79万5,680円で、物件価格が3億1,500万円でしたので表面利回りは3％でした。私が既に持っていた土地の隣地でしたので、少々割高でも購入することにしたのです。

　レントロールは以下の通りでした。

| | | |
|---|---|---|
| 住戸6戸賃料合計 | 月額 | 583,000 円 |
| 駐車場3台賃料合計 | 月額 | 191,080 円 |
| 貸し倉庫その他賃料合計 | 月額 | 21,600 円 |

　私は、決済と同時に、3台すべての駐車場の中途解約をして、駐車場運営会社に一括貸ししました（既存の駐車場契約には、中途解約条項がありました）。この辺りは再開発のマンション建設や麻布警察の新築工事等で工事需要がとても高く、工事車両用の駐車場が不足しています。したがって、個別の方に月極で貸すよりも、コインパーキングの業者に貸すほうが高く貸せるのです。
　これにより、1台14万円（税別）となりましたので、月額賃料は3台合計で26万2,520円も上昇しました。

利回りで言えば、

> (79万5,000円＋26万2,520円)×12か月
> ÷3億1,500万円＝4%

となり、1%も上昇しています。

　この点、駐車場にも借地借家法が適用されるのであれば、正当事由がない限り解約や更新拒絶はできませんが、駐車場は建物所有目的ではないので、同法の適用は原則としてありません。

　ただし、駐車場としての借地であっても、その駐車場が隣接する建物に付属するもので双方の敷地を一体的に賃借している場合は、借地借家法の適用があると考えられます。
　カラオケ店舗とともに同店舗の駐車場として賃貸された土地についての更新拒絶が権利の濫用にあたるとされた裁判例があります（福岡高判平成27・8・27判時2274号29頁）。
　本件では住居の賃借人と駐車場の賃借人は別人でしたし、そのような事情はありませんでした。

## 06 バリューアッド型 〜土地の最有効活用

こちらも、私の保有する港区六本木の物件です。

購入当時、土地で売り出されていました。

> 東京都港区六本木（25坪）
> 近隣商業地域
> 建蔽率80％
> 容積率400％（ただし、前面道路による規制で240％）
> 売買希望価格1億7,500万円（坪単価700万円）

本書執筆時の現在は、この辺りの土地相場は、坪1,000万円程度に上がっています。

当時、私は即決で購入しました。価格が安いと感じました。
レインズ（不動産流通標準情報システム）や広告で出回っていたわけではないのですが、このような一等地の土地が割安に残っていることが貴重でした。

通常、この立地でこの規模の土地に収益物件を建築するとなると、用途はマンションないし店舗ビルです。**第1章02**で紹介した流れの通り、まずはボリュームプランを出して、賃料査定を出したところ、延床面積60坪、月額賃料120万円となりました。

EVなしの3階建てですので、貸付面積は延床面積の8割程度となり、48坪（各階16坪）程度です。賃料坪単価は1階＝

坪3万円、2階＝坪2.5万円、3階＝2万円です。

建築費は、概算見積もりで7,000万円程度でした。

したがって、表面利回りは、

$$120万円 \times 12か月 \div (1億7,500万円 + 7,000万円) = 5.8\%$$

となります。

当時は、土地も建築費も安かったのですが、参考までに執筆時現在の相場で引き直すと、

$$120万円 \times 12か月 \div (2億5,000万円 + 8,000万円) = 4.3\%$$

となります。

ここで、私はこの土地の再有効活用は店舗ビルやマンションではなく、戸建て賃貸と考えました。前項 **05** で紹介した駐車場を月極からコインパーキングに変更した例もそうですが、この辺りに地縁があるがゆえに思いつくひらめきなのです。

この土地の近隣には東京ミッドタウンと檜町公園が広がり、再開発により高級マンションが建設されていますが、新築で販売されている区分所有権の専有面積坪単価は1,000万円～1,500万円程度と高騰しています。国内富裕層や外国人が買っていて、ほぼ完売状態です。そして、あるマンションでは、1階で自己の居住スペースに車庫がある戸建て方式の住戸が人気で、抽選を経て完売しました。富裕層の方で、この立地で戸建てに住みたいというニーズは強くあると確信しました。そもそも六本木

に戸建て用の土地がないので、富裕層の方々はマンションに住んでいるだけですが、いつの時代もどこの土地であっても、お金持ちは一戸建てが好きなものです。

　そこで、私は、建築プランを富裕層向けの高級戸建てとして、内装にも大理石や海外製の設備を導入して、建築費を1億円まで引き上げて建築しました。賃料査定は、月額230万円から270万円の範囲で、230万円であれば確実に決まるということでした。

　これにより利回りは、

> 230万円×12か月÷（1億7,500万円＋1億円）＝10%

に跳ね上がりました。

　賃貸に出すにしても、頭の固い方や、その土地に詳しくない方は、「六本木の近隣商業地域＝飲食店に貸す」という発想しか持ちません。

　私は、貸す相手を飲食店オーナーから居住目的の富裕層の方に変えたのです。

# オポチュニティ型＋バリューアッド型～ホテルファンドを組成

　最後に、私が土地を購入して、ホテルを建築して、それをファンドに売却するスキームについて紹介します。

　本書執筆の現在、私の経営する不動産会社で、静岡県熱海市に２か所、沖縄県恩納村に２か所の合計４か所にホテルを保有・建築中です。すべて、綺麗な海のすぐ目の前の立地で、UMITO（海と）という名称でシリーズ展開しています。

　手前味噌ですが、海眺望が素晴らしい立地の土地ですので、土地の仕入れについて苦労しました。苦労しないと入手できない土地であるからこそ、他のホテル開発業者が何度かチャレンジしても買えず、売れ残っていたのでした。
　詳細は伏せますが、ある土地については、土地の所有者が意思表示できない状態で、成年後見人（地元の弁護士）が選任されていました。土地所有者の親族は売却したがっていたのですが、**第２章03**で紹介したように、成年後見人は本人の利益のために消極的に活動します。本件は居住用の不動産ではなかったのですが、積極的な売却理由がないと売却できないということで、なかなか話が進みませんでした。

　そして、土地の仕入れができた後も、建築にあたって、近隣住民から反対運動を起こされました。地方の集落においては、突如リゾートホテルが建築されると、環境破壊や静かな暮らしに支障が出るのではないかと心配されます。

そこで、私のほうで、何度も足を運び、説明会を開催して、住民の方の意見を尊重し、協定書（汚水処理の基準やビーチの利用規制など）を締結するなど、建築前に時間をかけて話合いの場を設けました。

　建物が完成した後も、今度は運営を軌道に乗せる必要があります。新規ブランドのホテルですので、認知度の向上やホスピタリティの充実、高いレベルの料理の提供など、運営会社と勉強しながら進めました。
　おかげさまで、熱海については開業後3か月で稼働率90％を超えるまでに繁盛して、一定の収益も出せるようになりました[1]。

　まさに、オポチュニティ型とバリューアッド型の組み合わせによる不動産投資です。
　執筆時の現在、4か所中、2か所が稼働していますが、もう2か所は建築中です。今後も海目の前のリゾート地にホテル開発していく予定です。

　このような私のホテル投資ですが、**図表5-3**の相関図のように、当社のホテルを私募ファンドに売却して、売却後も運営会社として物件の価値を向上させていく予定です。

---

※1　「UMITO VOYAGE ATAMI」（www.umito.jp/atami/）

## 図表 5-3　ファンドに対するアセットマネジメント相関図

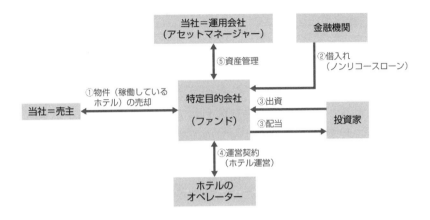

① 中央に位置する特定目的会社（ファンド）に当社が物件（稼働しているホテル）を売却します。
② 物件の購入は、借入比率を50％程度として、金融機関からノンリコースローンで借入れをします。ノンリコースローンとは、返済の原資（元手）とする財産（責任財産）の範囲に限定を加えた貸付方法で、人的保証を入れないということです。
③ 購入の原資の残りはエクイティ（資本）です。出資者は、投資家が9割で、1割を当社が引き受けます。当社も出資するファンドということで、投資家も安心して投資することができます(セイムボート＝同じ船に乗る)。
④ 当社が依頼しているホテルのオペレーターは、引き続きファンドと運営契約を締結して、ホテルを運営していきます。
⑤ 当社は運用会社（アセットマネージャー）として、ファンドの資産運用を引き続き管理していきます。リゾート地を開発して、そこにホテルを建築して、稼働率を上げ

> た状態で物件をファンドに組み込みます。リゾート地の開発には、法的知識がフル活用されます。

　以上のスキームにより、当社としても、物件の売却でBSから負債を切り離すことができますので、新たな借入れを起こして他の物件を購入していくことが可能となります。
　そうすると、次々に物件を開発してファンドの規模を拡大していくことで、運用会社としての実績が備わり、より多くの投資家から資金を集めることが可能となります。
　結果、より規模の大きな物件を開発していくことができるのです。

　このように、当社は今後、土地の仕入れの段階で法的知識を駆使してオポチュニティ型の契約をとりまとめ、ホテルを安定稼働させることで価値をバリューアップするなど、ファンドに対してアセットマネジメントを提供していきます。
　もちろん、ホテル以外にも、都心部の老朽ビル、相続物件、権利関係の複雑な物件等を割安に仕入れて、凹みを戻して、バリューアップもしていきます。私の法的知識を駆使した不動産投資戦略に共感を持っていただける方は、是非、私が開発していくファンドに投資していただければ幸いです。

巻末付録　建物賃貸借契約書　ひな形

## 契約要綱

| | |
|---|---|
| 賃　貸　人 | 株式会社 Martial Arts |
| 賃　借　人 | 株式会社 A |
| 連帯保証人 | B |
| 所在地（地番） | 東京都港区六本木〇丁目〇番 |
| 所在地（住居表示） | 東京都港区六本木〇丁目〇番〇号 |
| 建物名称 | Martial Arts ビル |
| 構　　　造 | 鉄骨鉄筋コンクリート造　地下1階、地上8階建 |
| 規　　　模 | 延床面積〇〇〇㎡（〇〇坪） |
| 用　　　途 | 事務所 |
| 新築年月 | 昭和〇〇年〇月新築 |
| 付属設備 | 無し |
| 貸　　　室 | 〇階〇〇〇号室 |
| 契約面積 | 〇〇〇.〇〇㎡（約〇.〇〇坪） |
| 使用目的 | コールセンター業務 |
| 賃貸借期間 | 2018年9月20日から2021年9月末日 |
| 賃　　　料 | 月額〇〇万円<br>（消費税抜金額〇〇万円、消費税額〇万円） |
| 共　益　費 | 月額〇〇万円<br>（消費税抜金額〇〇万円、消費税額〇万円） |
| 敷　　　金 | 金〇〇〇万円（月額賃料〇か月分相当） |
| 敷金償却額 | 金〇〇万円<br>（消費税抜金額〇〇万円、消費税額〇万円） |
| 礼　　　金 | 金〇〇万円<br>（消費税抜金額〇〇万円、消費税額〇万円） |
| 特約事項 | 賃料は初回契約更新時に15％増額し、2回目以降は更新の都度、更新時賃料を10％増額するものとする。[※1]　　（以下略） |

# 貸室賃貸借契約書

　貸主　株式会社 Martial Arts（以下「甲」と言う）と、借主株式会社 A（以下「乙」と言う）との間において、貸室賃貸借契約を以下の各条項に基づき契約する。

（賃貸借契約の成立）
第1条　甲は、乙に対し、契約要綱記載の建物（以下「本建物」と言う）のうち、契約要綱記載の貸室（以下「本貸室」と言う）を賃貸することを約束し、乙はこれを賃借して甲に対し賃料等を支払うことを約束する。

（反社会的勢力ではないことの確約）
第2条　甲及び乙は、それぞれ相手方に対し次の各項に定める事項を確約する。
　　1．自らが暴力団員による不当な行為の防止等に関する法律（平成3年法律第77号）第2条2号に規定する暴力団、暴力団関係企業、総会屋、若しくはこれらに準ずる者、又はその構成員（以下「反社会的勢力」と言う）ではないこと。
　　2．甲又は乙が法人の場合、自らの役員（業務を執行する社員、取締役、執行役、又はこれらに準ずる者）及び従業員が反社会的勢力ではないこと。
　　3．反社会的勢力に自らの名義を利用させて本契約を締結するものではないこと。
　　4．本貸室を反社会的勢力の事務所その他の活動の拠点に供するものでないこと。
　　5．本貸室に反社会的勢力を居住させ、又は反社会的勢

---

※1　当然に増額条項が有効になるわけではないことに注意。

　　　　力を出入りさせないこと。
　　６．本貸室又は本貸室の周辺において、著しく粗野若しくは乱暴な言動を行い、又は威勢を示すことにより、付近の住民又は通行人に不安を覚えさせることをしないこと。
　　７．自ら又は第三者を利用して次の行為をしないこと。
　　　　①　相手方に対する脅迫的な言動又は暴力を用いる行為
　　　　②　偽計又は威力を用いて相手方の業務を妨害し又は信用を毀損する行為

（使用目的）
第３条　乙は、本貸室を契約要綱記載の使用目的以外では使用しないものとする。

（契約期間及び契約の更新）
第４条　本契約の契約期間は契約要綱記載の通りとし、甲は乙に対し、期間の開始日までに本貸室を引き渡すものとする。
　　２　甲又は乙が、期間満了の６か月前までに相手方に対して書面により更新しない旨を通知しない場合、本契約は期間満了日の翌日より起算して同一条件にて更に契約要綱記載の期間更新されるものとし、以後この例による。[※2]
　　３　本契約が合意により又は前項により自動更新された場合、若しくは法定更新された場合（法定更新後は以後２年ごと）、乙は甲に対し、更新後の賃料１か月分の更新料を支払うものとする。

---

※２　甲からの更新拒絶には、正当事由が必要なことに注意。

（期間内解約）

第5条　乙は、本契約期間中であっても、本契約を終了させたい日の6か月前までに甲に対し書面にて予告通知をして本契約を解約することができる。

　　2　乙は、前項の定めにかかわらず、下記のいずれかに該当する場合、本契約を即時に解約することができる。

　　　1．前項の予告に代え、6か月分の賃料及び共益費相当額を支払った場合

　　　2．前項の予告期間が6か月に満たない場合、その不足日数の賃料及び共益費相当額を支払った場合

　　3　前2項による解約の申し入れは、甲所定の書式によるものとし、乙は甲の書面による承諾なくしてこれを撤回又は取り消すことはできない。

　　4　解約予告期間中に甲が新たな借主候補者等に本貸室を内覧させる場合には、甲は乙に事前の承諾を得るものとし、乙は誠意をもってこれに協力する。

（賃料及び共益費）

第6条　賃料及び共益費は契約要綱記載の通りとし、乙は甲に対し、毎月末日までにその翌月分を甲の指定する銀行口座に振り込み支払う。なお、その際の振込手数料は乙の負担とする。

　　2　1か月未満の賃料及び共益費については当該月の日数を基準として日割計算する。

　　3　甲は、契約更新に際して、賃料を改定するものとし、初回の更新時は当初賃料を15％増額し、2回目以降は更新の都度、更新時賃料を10％増額する。[※3]

　　4　甲は賃貸借契約期間中であっても、土地又は建物に対

---

※3・※4　当然に有効でないことに注意。

する公租公課その他諸経費の増加、又は近隣土地建物の価格の高騰、若しくは賃料水準の上昇、その他物価騰貴等の経済情勢の変動等により、賃料及び共益費が相当でないと甲が判断した時は賃料及び共益費を改定することができる。※4

(借主の費用負担)
第7条　甲の計算による乙が使用する本貸室の電気及び水道の基本料及び使用料、ゴミ処理費等、その他も含め本貸室使用にて発生する費用は全て乙の負担とする。なお、これらの諸費用で甲が立替払いをした金額については、乙は甲の立替払い請求がなされたその月の翌月の末日までに甲に対し支払をしなければならない。
　　2　本貸室等の専用部分の清掃は乙の負担にて行う。又、本貸室内の蛍光灯又は電球の取替費、トイレットペーパー等の消耗品実費、又は町内会費等がある場合はそれらも含め乙が負担する。

(消費税)
第8条　乙は、本契約に伴って生じる消費税・地方消費税を負担するものとし、下記各号の金額にそれぞれ消費税法及び地方消費税法に定める税率を乗じて得られた金額を貸主に支払うものとする。
　　　1．賃料及び共益費
　　　2．更新料
　　　3．敷金償却額
　　　4．礼金
　　　5．その他消費税課税対象項目
　　2　乙は、消費税法及び地方消費税法その他法律の制定・改正等があった場合は、その定めに従い、その税額を甲

に支払うものとする。

（遅延損害金）
第9条　乙が甲に対し支払うべき賃料、共益費、諸費用、立替金、損害賠償金、違約金等、及びその他本契約から生じた債務の支払を弁済期までに怠った場合、乙はこの金額に対し、弁済期の翌日以降支払済みまで、年利14.6％の割合の遅延損害金を加えて甲に対し支払う。

（敷金・礼金）
第10条　乙は、本契約に基づく自らの債務の履行を担保する為、契約要綱記載の敷金を本契約締結と同時に甲に対し預け入れる。なお、この敷金に利息は付さないものとする。
　2　乙は、賃料が増額された場合、増額分に契約要綱記載の月数を乗じた額を敷金として補填しなければならない。
　3　甲は、第1項の敷金及び前項に基づき預託された敷金のそれぞれ10％相当額を、預託されたときに償却費として受領する。なお、1円未満の端数は四捨五入する。
　4　乙が本契約期間中において賃料その他本契約に基づく乙の債務に不履行があった場合、甲は乙に通知催告することなく敷金をそれに充当できる。この場合、乙は甲より事後その旨の通知を受けた日より10日以内に充当された金額を補填しなければならない。
　5　乙は本契約より生ずる債務の弁済について、自ら敷金をもってそれに充当する旨の主張はできない。
　6　乙は敷金の返還請求権を譲渡又は質入れ等、その他の目的も含め担保の用に差し入れてはならない。
　7　甲は本契約が終了し敷金を返還するにあたり、賃料、共益費、立替金、損害賠償金、違約金等、その他本契約から生じた乙が甲に対し支払うべき債務相当額があった

　　　　場合には、敷金をそれに充当する。
　　8　敷金は、本契約における乙の債務が全て精算され契約が終了し、乙が甲に本貸室を完全に明け渡した日後1か月以内に、第3項で規定する償却額を差し引いて、甲より乙に対し返還する。
　　9　乙は、本契約に係る謝礼として、金〇〇円を本契約締結と同時に、甲に対して支払う。甲は、当該礼金を乙に対して返還する義務を負わない。

（借主の注意義務）
第11条　乙は本貸室を善良なる管理者の注意をもって使用する義務を負う。
　　2　甲は本貸室の使用に必要な鍵を一式乙に貸与し、乙は本契約期間中責任をもってこれらの鍵を管理する。万一、乙が貸与された鍵を破損又は紛失した場合は速やかに甲に通知し、甲はその鍵を交換の上新たに乙に貸与する。この場合、これに要した費用は全額乙が負担する。
　　3　乙は、本建物の玄関、廊下、階段、エレベーター、EVホール、その他共用部分を善良なる管理者の注意をもって占有又は使用し、甲が館内規則その他本建物の管理上定めた事項について、これを遵守しなければならない。

（貸室の立ち入り）
第12条　建物の管理保守の必要上、又は関係官庁の指示があった場合、甲は本貸室に立入点検し、必要と思われる措置をとるものとする。この場合、乙は本貸室の立入点検並びに措置にできる限り協力し、これを拒むことはできない。
　　2　前1項により本貸室に立ち入る場合、甲は乙に対し事前にその旨を通知し、立ち入る時間帯は原則本貸室に乙の従業員等関係者が在室している時に行う。

3 前1項により本貸室の立ち入りに緊急を要する場合、甲は乙に対し事前に通知することなく、且つ本貸室に乙の従業員等関係者が在室していなくとも本貸室に立ち入ることができる。この場合、甲は事後速やかにその事実及び内容を乙に対し報告する。
4 前1項の内、甲乙間において事前に本貸室立入の確認了承が取れている事項については、本貸室立入の事前事後を問わず甲は乙に対し通知報告は行わない。

（禁止事項）
第13条　乙は次の各号に掲げる行為をすることはできない。
1．甲の事前承諾を得ずに、本貸室を第3条（使用目的）の事業内容以外の事業又は使用目的以外の用途に使用すること。
2．本貸室の賃借権の全部又は一部を譲渡又は転貸すること、又は本貸室の全部又は一部の占有を第三者に移転又は転貸すること、並びに経営委任、営業譲渡、合併などにより実質的に同様の効果を生ずる行為をすること。
3．本貸室の賃借権を担保提供すること。
4．甲の事前承諾を得ずに、本建物又は本貸室への造作設備の新設、増設、撤去、変更等の工事をすること。
5．本建物内外の甲が指定した場所以外に乙の名義表示、又は看板等の表示をすること。
6．甲の事前承諾を得ずに、本建物内外の甲が指定した場所に乙以外の名義表示をすること。
7．本建物及び本貸室の価値を損ずる恐れのある行為をすること。
8．騒音、振動、悪臭等、他の入居者又は近隣に危険を及ぼし迷惑をかける行為をすること。

9．本建物又は本貸室への危険物、重量物、悪臭発散物等の搬入、格納、又は本建物又は本貸室での破棄等の行為をすること。
10．本建物又は本貸室への動物の搬入、又は本建物又は本貸室での飼育等の行為をすること。
11．本貸室を宿泊の目的で使用すること。
12．本建物共用部分への不法占有、又は物品等を放置する行為をすること。
13．甲の事前承諾を得ずに、本貸室出入り口扉の鍵を取り替え、又は追加すること。
14．本建物の共用部分を専用使用すること。
15．本建物の立入禁止区域内に立ち入ること。
16．その他本契約各条項に違反する行為をすること。

（承諾事項）
第14条　乙は次の各号に掲げる行為をする場合、事前に書面により甲に対し申し出をし、その上で甲の書面による了承を得なければならない。なお、本契約に定める甲の承諾は全て書面によるもののみ有効とする。
1．本貸室を第3条（使用目的）の事業内容以外の事業又は使用目的以外の用途に使用すること。
2．本建物又は本貸室への造作設備の新設、増設、撤去、変更等の工事をすること。
3．本建物内外の甲が指定した場所に乙以外の名義表示をすること。
4．本貸室出入り口扉又は本貸室内に施した造作設備に鍵を設置すること。この場合、乙は本貸室内に甲の立ち入れない区画がない様に速やかに甲に対し全ての合鍵を提出しなければならない。
5．本貸室にセキュリティーシステム等を導入するこ

と。この場合、甲にセキュリティーカード等の合鍵を
　　　提出しなければならない。
　６．本建物又は本貸室内に重量物、大型機器等を搬入設
　　　置し、又はこれらを移動すること。
　７．乙の名義を変更するとき。
　８．連帯保証人を変更するとき。
　９．その他本契約各条項又は乙の本建物及び本貸室の使
　　　用において、甲の承諾が必要と定められている又は判
　　　断できる行為をするとき。

（造作設備の新設、増設、変更等）
第15条　第14条（承諾事項）2号により、乙は甲から承諾を
　　　取り付けて本建物又は本貸室への造作設備の新設、増設、
　　　撤去、変更等の工事をする場合、事前にその工事内容を
　　　詳細に記載した図面等一式を甲に提出しなければならな
　　　い。又、その工事内容の内、電気の増設又は移設、空調
　　　機の移設、照明器具の移設等、本建物又は本貸室の主要
　　　構造部に係るものについては甲の指定する工事業者にて
　　　行い、その費用は乙が負担する。
　２　乙の故意過失を問わず前項に違反し、本建物及び本貸
　　　室に破損等の損害を与えた場合、その修復費用の多寡を
　　　問わず、甲においてその損害部分を完全に原状に復し、
　　　その費用の全額を乙に請求する。この場合、乙は甲より
　　　請求のあった日より10日以内にその全額を支払わなけ
　　　ればならない。万一、乙がこの支払を履行できない場
　　　合、甲は乙に対し本契約の解除及び本貸室の明渡しを要
　　　求し、乙は一切異議を申し立てずこれに従わなければな
　　　らない。
　３　乙が本貸室内を個室等に区画したために、消防法上貸
　　　室既存設備の火災報知器の位置又は個数では足りず、そ

れ以外に新たに火災報知器の設置が必要となった場合、乙は本建物の火災報知器管理システムと連結させる様に工事を行わなければならない。この場合、これに係る費用は全て乙の負担とし、且つこの工事を行うのは甲指定の工事業者とする。

（看板掲載）
第16条　乙は建物1階入り口部分、1階EVホール内、1階ポスト、本貸室出入り口部分（プレート）の本貸室専用に用意された部分にのみ名称（商号）の表示ができる。
　2　本建物の管理上看板デザインの統一性を図る為、本建物1階入り口部分の看板、1階EVホール内の看板、及び1階ポストへの乙の名称（商号）の表示は、新規取り付け時に限り甲の費用負担において甲の指定業者が行う。但し、新規取り付け時においての乙名義以外の表示分、又は取り付け表示後における変更、追加、又は第三者による悪戯等での再作成については、その費用は全て乙の負担とし、この場合も甲の指定業者にて行う。なお、表示にあたっては如何なる場合も乙の希望（書体、色、ロゴ等）は一切受けることはできず、新規表示は勿論のこと再作成時においても乙が自ら作成又は取り付けることはできない。
　3　貸室出入り口部分（プレート）の名義表示については、乙の費用負担にて作成の上取り付ける。なお、この部分への書体、色、ロゴ等の制限はないものとする。

（借主の通知義務）
第17条　乙に以下の各号に定める事由が生ずる場合、事前に書面にてそれを甲に対し通知しておかなければならない。又、緊急を要する事項又は事実が発生した事項について

は事後速やかに甲に対し通知しなければならない。但し、本項1号については必ず事前通知とする。
1．乙が法人の場合、商号（名称）、所在地、代表者等（役員）、本貸室の責任者、目的、営業種目等の変更があるとき。この場合、法人登記簿謄本に変更が生じるときは、乙は変更後の法人登記簿謄本を速やかに甲に提出しなければならない。
2．乙、連帯保証人、本貸室の責任者等の甲に対し届け出た各連絡先に変更があったとき。
3．連帯保証人の氏名、所在等の内容に変更があったとき。
4．連帯保証人が死亡、又は破産、成年被後見、保佐、補助等の法的手続き開始の審判を受けたとき、及び信用の悪化等、保証の実質に影響を及ぼす様な事態が発生したとき。
5．本貸室を15日以上使用せず不在とするとき。
6．乙の故意過失又はその他原因を問わず、本建物又は本貸室において造作設備等に異変が生じ、それらを発見したとき。
7．甲より貸与された鍵を破損又は紛失したとき。
8．その他本契約又は本貸室使用において甲へ通知が必要と判断されるとき。
2　甲において、乙等に対する通知をする必要が生じたときは、前項1号ないし3号の書面による通知のない限り、本契約書記載の住所、氏名、商号、代表者宛てに通知を行うものとする。
3　乙が第1項1号ないし3号の通知を怠ったため、甲からなされた本契約に関する通知が延着又は到着しなかった場合は、当該通知は通常到達するべき時に到達したものとみなす。

（損害賠償）
第18条　乙又は乙の同居者、使用人、来客者、請負人、転借人その他乙の為に業務を行う者が、その責めに帰すべき事由により本建物又は本貸室に損害を与えた場合（甲に無断で本貸室の現状を変更することを含む）、乙は甲に直ちに連絡して、かつ甲の指示に従い、直ちに原状回復その他の方法により損害を賠償しなければならない。第17条（借主の通知義務）1項6号により異変を発見しながら甲に対し報告義務を怠ったことにより発生した損害についても、乙はその損害を賠償する責めを負う。
2　甲が乙に原状回復を請求する場合、甲は原状回復工事を施工する業者を指定することができる。
3　乙は、本契約又は本貸室に関連して、第三者との間でトラブルが生じた場合又は損害賠償問題等が発生した場合、これらについてはその理由の如何を問わずその当事者間において解決し、甲はこれに一切関与しない。但し、その事実は速やかに甲に対し報告しなければならない。

（免責）
第19条　甲の責めに帰することのできない事由により、乙の被った損害に対しては、甲はその責めを負わない。
2　甲が必要と認める本建物及び本貸室の修繕・変更・改造、保守作業、並びにそれらに伴う停電・断水等により、乙の被った損害に対しては、甲はその責めを負わない。ただし、甲の故意又は重過失による損害についてはこの限りではない。
3　前項により乙が本貸室を一時的に使用収益できなくなったとしても、それによって賃料は減額されないものとする。
4　地震・風水害、火災、停電・漏水事故及び盗難事故等

の事由に基づく、本建物内の動産、造作設備及びサーバー・コンピューター等のデータ・情報等の全部又は一部の滅失若しくは破損等乙の被った損害に対しては、甲は故意又は重過失がない限りその責めを負わない。
5 　甲の重過失により借主が第2項及び前項に定める損害を被った場合、甲は賃料の3か月相当額を上限としてその損害を賠償する責めを負う。
6 　本建物に抵当権が設定されている場合において、その実行により、乙の被った損害に対しては、甲はその責めを一切負わない。

（修繕義務の範囲）
第20条　甲は、本貸室及び甲所有の造作設備の維持・管理に必要な経費を負担する。
2 　賃貸建物が破損・汚損し、使用収益のために修繕が必要となった場合で、次の各号に掲げる場合、乙は、修繕のための費用を負担する。
　1．小修繕にあたる場合
　2．乙の責めに帰すべき事由により修繕を要することとなった場合
　3．乙が設置した造作設備に対する維持・管理・修繕費用
3 　前項の小修繕とは、次に掲げる場合を言う。
　1．蛍光灯・電球の取替え
　2．鍵の交換
　3．床の張替え
　4．壁・天井の塗装替え、張替え
　5．○○○
　6．○○○
　　：

11．その他修繕に要する費用が５万円以下のもの
4　乙が設置した造作設備に対して、その維持・管理・修繕に関して甲から要請があったときは、乙は自己の費用負担で直ちに補修・改善等必要な措置を講じるものとする。
5　本貸室、甲所有の造作設備について修繕をする必要が生じ、又は生じるおそれがある場合には、乙は、甲に対しその旨を直ちに通知するものとする。
6　前項の場合で、修繕の必要が乙の故意又は過失に基づいて生じたときは、甲はこれを修繕する義務を負わず、その裁量により、自ら修繕してその費用を乙に請求することができる。

（契約の終了）
第21条　本建物が万一の火災等の原因によりその全部又は一部が使用できなくなった場合、又は天災、地変、その他の事由により本貸室が滅失（修繕できない状態の破損を含む）、若しくは建物としての効用を失った場合本契約は終了する。
　2　行政の関係事業等により買上げ、収用、使用等により立退きを命じられ、本建物の全部又は一部が使用できなくなった場合、本契約は終了する。

（契約の解除）
第22条　乙に以下の各号に定める事由のいずれかが生じた場合、甲は何らの催告を要せず即時に本契約を解除し終了することができる。
　1．賃料、共益費、電気、水道等の毎月の支払を２か月分以上怠ったとき。
　2．立替金等の内、１つでも約束の期日までにその支払

を怠ったとき。
  3．手形又は小切手の不渡り、仮差押、仮処分、強制執行等を受けたとき、又は破産、民事再生、会社更生の申立てを行ったとき。
  4．解散したとき。
  5．主務官庁から営業許可の取消し又は停止の処分を受けたとき。
  6．乙の信用が著しく失墜したと甲が判断したとき。
  7．甲に提出した入居申込書の内容に虚偽の事実が判明したとき。
  8．本貸室において事件事故等を発生させたとき。
  9．第2条（反社会的勢力ではないことの確約）に反し、乙（借主の使用人、来客者、請負人、その他乙の為に業務を行う者を含む）が反社会的勢力に関係すると判明したとき。
2　乙に以下の各号に定める事由のいずれかが生じた場合、甲は相当の期間を定めて催告の上、その期間内に当該義務が履行されない場合、本契約を解除し終了することができる。
  1．本貸室を甲の承諾なくして1か月以上使用しないとき
  2．その他、本契約の各条項の1つでも違反したとき。

（違約金）
第23条　第22条（契約の解除）により甲から本契約を解除された場合、乙は甲に対し、違約金として賃料及び共益費の6か月分相当額を支払う。ただし、甲の乙に対する本契約に基づく未払い賃料、共益費、諸料金、消費税額、使用損害金、原状回復費用等の請求、損害賠償請求はこれを妨げない。

（引渡し前の違約）
第24条　乙が、引渡し期日前に本契約を解約した時は、乙は直ちに違約金として賃料及び共益費の6か月分相当額の金員を甲に支払う。

（貸室の明渡し）
第25条　本契約が終了する場合、乙は、本契約終了日までに、本貸室について、経年劣化及び通常使用に伴う損耗の回復も含め、別紙「原状回復工事基準」に定めるとおりに原状回復を行ったうえ、本貸室を甲に明け渡すものとする。
　2　本契約の終了に際し、乙が本建物又は本貸室に施した造作設備があった場合、乙は自らの費用にて撤去し、本契約が終了するまでに本貸室を原状に復して速やかに甲に対し明け渡さなければならない。
　3　第1項の乙の原状回復義務には空調機等の設備機器の点検を含み、乙の本貸室使用から2年以上経過（空調機等を取り替えた場合には取り替えた日から2年以上経過）している場合、又は2年以上経過していなくとも空調機等の設備機器内部に極度の汚損があった場合、又は甲が必要と判断した場合は、オーバーホールの清掃費用等も含む。
　4　本貸室を明け渡す際、乙は甲より貸与された本貸室使用に必要な鍵を全て返還する。この場合、乙自ら複製した鍵がある場合はその複製分も含め返還しなければならない。万一、乙が貸与された鍵を破損又は紛失していた場合は、乙は鍵の交換に要する費用を全額負担するものとし、即時に甲に支払うものとする。
　5　乙が本条に定める原状回復を遅滞なく履行しなかった場合、甲は本建物又は本貸室の必要な全ての箇所に原状

回復行為をすることができ、これに要した費用は全額乙に対し請求する。
6　本貸室の明渡し後に本建物又は本貸室に乙が残置した造作設備及び動産等がある場合、乙がその所有権を全て放棄したものと認め、甲は任意にこれを処分しそれに要した費用を全額乙に対し請求する。
7　本契約の終了に際し乙が負う全ての原状回復工事については、甲が指定した工事業者にて行い乙はこれを拒むことはできない。但し、甲は指定した工事業者より工事箇所の見積りを取り、乙に対し明示しその内容を説明する。
8　本契約が終了した後も乙が本貸室の明渡しを完了しない場合、本契約終了の日から明渡しが完了する日まで、損害金として１か月につき最終月額賃料及び共益費の２倍相当額、並びに甲の立替金を乙は甲に対し支払う。又、明渡し遅延により甲が損害を被った場合、乙はその損害も賠償しなければならない。

（請求禁止）
第26条　乙は、本貸室の明渡しに際し、その事由及び名目のいかんにかかわらず、本貸室、造作及び設備について支出した有益費その他諸費用の償還並びに本貸室内に乙の費用をもって設置した造作、設備等の買取りを甲に請求することはできない。

（連帯保証人）
第27条　連帯保証人は本契約各条項を承認の上、乙が負担する一切の債務及び義務を保証し、乙と連帯してその責を負う。
2　乙は連帯保証人を変更しようとする場合、事前に甲の

書面による承諾を得、同時に甲が承諾する次の連帯保証人を用意しなければならない。

3　前項により本契約期間中に乙が連帯保証人の変更を希望する場合、乙は連帯保証人変更承諾料として従前賃料の1か月相当額を甲に対し支払う。但し、これらの事情が契約更新時に為された場合、乙は第4条（契約期間及び契約の更新）3項による更新料のみを甲に対し支払えば足りるものとする。

4　乙又は連帯保証人は、連帯保証人が下記各号の1つに該当するときは、直ちに書面により甲へ通知するものとする。

1．他の債務のため仮差押え・仮処分・強制執行等の申立てを受け、あるいは公租公課の滞納処分を受けたとき
2．支払停止若しくは支払不能に陥ったとき
3．破産手続・特別清算・特定調停・民事再生手続・会社更生手続等の申立てを受け、若しくは自らこれを申し立てたとき
4．合併によらないで解散したとき
5．死亡したとき
6．後見開始審判、保佐開始審判、補助開始審判、任意後見契約がなされたとき

5　連帯保証人が前項各号の1つに該当するとき、その他甲が連帯保証人を不適当と判断した場合、甲は連帯保証人の変更又は追加を乙に対し要求することができる。この場合、乙はこの要求を拒むことはできない。

（損害保険）
第28条　乙は、本貸室を賃借すると同時に甲の指定する借家人賠償責任特約付き火災保険に加入し、本貸室の賃借入居中継続して加入し続けなければならない。

（意思表示）
第29条　乙が連絡不能、行方不明、解散等により甲の乙に対する意思表示又は通知が不可能となった場合、その意思表示及び通知は連帯保証人に対し為せば足り、万一連帯保証人に対する意思表示又は通知も不可能となった場合、甲は乙及び連帯保証人の住所へその意思表示又は通知を発すれば足り、乙は事後これに一切の異議申立てはできない。

（個人情報）
第30条　本契約書に記載された乙及び連帯保証人の個人情報（個人情報の保護に関する法律で定義される「個人情報」を意味する。以下同じ）、並びに本契約に際して乙及び連帯保証人から提出された申込書、住民票、所得証明関係書類、印鑑証明書、身分証明書等に記載される各々の個人情報については、甲及び甲の指定する管理会社が別紙「個人情報の利用目的について」記載の目的で利用するものとする。乙及び連帯保証人より提出された個人情報については、善良なる管理者の注意義務をもって、甲及び甲の指定する管理会社が管理するものとする。

（守秘義務）
第31条　甲及び乙は、本契約に関して知り得た事項につき厳に秘密を守り、相手方の承諾のない限り、本契約の存続期間中はもちろん契約終了後といえども他に漏洩してはならない。

（紛争の解決）
第32条　本契約に定めのない事項又は本契約の解釈について疑義が生じたときは、甲、乙、連帯保証人は、誠意をもっ

て協議し、紛争の処理解決に努めることとする。

（訴訟管轄）
第33条　本契約は、日本法を準拠法とし、日本法によって解釈されるものとする。
　2　第32条（紛争の解決）において処理解決に努めたにもかかわらず本契約に関し紛争が生じた場合、東京地方裁判所をもって専属的合意管轄裁判所とすることに合意する。


　　　　年　　　月　　　日

本契約締結の証として、本書3通を作成し、甲乙丙記名押印のうえ、各1通を保有する。


（甲）　　住　　所　　東京都港区六本木〇丁目〇番〇号

　　　　　氏　　名　　株式会社Martial Arts
　　　　　　　　　　　代表取締役　堀　　鉄平　　　　㊞

（乙）　　住　　所　　

　　　　　氏　　名　　　　　　　　　　　　　　　　㊞

（丙）　　住　　所　　

　　　　　氏　　名　　　　　　　　　　　　　　　　㊞

## おわりに

　本文でご紹介した通り、オポチュニティ型とバリューアッド型を組み合わせた不動産投資として、開発型の不動産投資は大きな利益を得ることが可能です。

　利益を得ることができるということは、それだけ社会に貢献しているということです。

　相続トラブルになっている古い住居は、そのままでは相続人には１円も入らないどころか、固定資産税等の出費を負わせて、行く末は空き家問題に辿り着くものです。遺産分割と相続登記、共有物の分割を経て、売買契約を成立させるという行為は、これを救う行為と言えます。

　そして、耐震性も防火・防災上もリスクだらけの古い建物を新築に建て替える行為は、近隣に対しても安心をもたらします。街並みも綺麗で便利になり、外国人観光客に対しても自信をもって迎え入れる体制を整えることができます。

　完成した建物には、以前よりも多くの賃借人が入居することになり、多くの人に快適で心地よい空間を提供できることになります。

　完成した建物を購入した投資家にとっては、新築なので、安心・安定的な投資商品として満足した買い物となります。また、不動産業者、建築会社に対して仕事の発注をすることになりますので、雇用の創出や税収の増加で経済効果も期待できます。

　賃借人に退去をお願いする場合には、彼らの既得権に対する配慮が必要ではあるものの、現代は、戦後間もない住宅難の時代と異なり、店舗・住居用建物や土地の代替地はある程度見つけやすい状況ですので、適正な立退料や代替地の提供があれば、彼らにとっても悪い話ではなくなります。

このように社会に貢献しつつ、大きな利益をあげていく投資手法は、これまで大手ディベロッパーが担ってきましたが、小ぶりな土地については、大手は手を出しませんので、一般の投資家が今後参入していくべき領域ではないかと思います。

　私の開発した港区赤坂のビルには、1階に認可保育園を誘致しました。もとは更地に4台分の駐車場があっただけでしたが、開発により待機児童問題にも貢献できました。上層階は私の事務所なので、毎日園児や保護者の方々と顔を合わせますが、その幸せそうなお顔を拝見するたびに、ここにビルを新築して良かったと満足しています。

　皆さんの不動産投資により、地域に笑顔や活気をもたらすことができればこれ以上の喜びはないでしょう。本書がそのための一助となれば幸いです。

2018年　12月　吉日<br>
弁護士法人 Martial Arts<br>
弁護士　堀　鉄平

# 著者略歴

## 堀 鉄平(ほり てっぺい)

闘う弁護士。弁護士法人 Martial Arts 代表弁護士。中央大学法学部卒業。2004 年弁護士登録。

プライベートでは、ブラジリアン柔術をバックボーンとして総合格闘技の試合にも出場し、2008 年 3 月より前田日明主催「THE OUTSIDER」に継続参戦中。2 度の眼窩骨折の手術を乗り越え、現役を続行し、2011 年 5 月より RINGS とプロ契約。

【MMA 戦績：2008 年 -2018 年プロ・アマ通算戦績 18 勝 9 敗 2 分】

『格闘家弁護士が教える反撃の技術』（かんき出版）、『"戦略的" 少額債権回収マニュアル』（共著、日本法令）、『闘う弁護士が伝授する家族が幸せになるための相続の奥義』（時評社）ほか著書多数。

## 弁護士法人 Martial Arts

2009 年開設。

「弁護士に闘って欲しいと願う顧客の期待に応え、もって、社会正義の実現に寄与する。」という理念のもと、各種企業法務案件、大企業の債権回収、個人の借金問題、遺産相続、不動産などの一般民事事件を幅広く取り扱う。

近年、グループ会社として株式会社マーシャルアーツコンサルティングを設立し、相続コンサルティングのノウハウと熱意のある専門家をコーディネートし、富裕層のお客様の財産を「増やして」「守って」「継いでいく」サービスを提供している。

法律やトラブル解決のプロである弁護士が、家族信託等最先端のノウハウと不動産の目利きを発揮して、また、資産税に強い税理士と連携し、お客様に最高級のサービス提供を約束している。

『相続対策イノベーション！ 家族信託に強い弁護士になる本』（日本法令）、『改訂版 労働事件 使用者のための"反論"マニュアル』（日本法令）、『民泊 3 タイプ 開設・契約・運営とトラブル対策』（日本法令）ほか出版物多数。

| 弁護士が実践する不動産投資の<br>法的知識・戦略とリスクマネジメント | 2019年1月30日　初版発行<br>2020年3月20日　初版4刷 |

 日本法令®

〒101-0032
東京都千代田区岩本町1丁目2番19号
https://www.horei.co.jp/

検印省略

| 著　　者 | 堀　　　　鉄　　平 |
|---|---|
| 発 行 者 | 青　木　健　次 |
| 編 集 者 | 岩　倉　春　光 |
| 印 刷 所 | 日本ハイコム |
| 製 本 所 | 国　　宝　　社 |

| （営　業） | TEL　03-6858-6967 | Eメール | syuppan@horei.co.jp |
| （通　販） | TEL　03-6858-6966 | Eメール | book.order@horei.co.jp |
| （編　集） | FAX　03-6858-6957 | Eメール | tankoubon@horei.co.jp |

（バーチャルショップ）　https://www.horei.co.jp/iec/
（お詫びと訂正）　https://www.horei.co.jp/book/owabi.shtml

※万一、本書の内容に誤記等が判明した場合には、上記「お詫びと訂正」に最新情報を掲載しております。ホームページに掲載されていない内容につきましては、FAXまたはEメールで編集までお問合せください。

・乱丁、落丁本は直接弊社出版部へお送りくださればお取替えいたします。
・JCOPY 〈出版者著作権管理機構　委託出版物〉
本書の無断複製は著作権法上での例外を除き禁じられています。複製される場合は、そのつど事前に、出版者著作権管理機構（電話 03-5244-5088、FAX 03-5244-5089、e-mail：info@jcopy.or.jp）の許諾を得てください。また、本書を代行業者等の第三者に依頼してスキャンやデジタル化することは、たとえ個人や家庭内での利用であっても一切認められておりません。

© T. Hori 2019. Printed in JAPAN
ISBN 978-4-539-72651-8

弁護士法人 Martial Arts の本

# 民泊3タイプ
## 開設・契約・運営とトラブル対策

A5判　280頁　　　定価（本体2,400円＋税）

　平成30年6月15日、住宅宿泊事業法の施行により、民泊を行う方法は3つとなった。
- 旅館業法に基づく民泊「簡易宿所」
- 国家戦略特別区域法に基づく民泊「特区民泊」
- 住宅宿泊事業法に基づく民泊「新法民泊」

　本書はこれら民泊3タイプそれぞれの必要な法的手続き、開業の条件の違い、留意点等について、
① 物件選定段階
② 許認可／認定取得／届出・登録段階
③ 運用段階
の段階別で解説。

　さらに「新法民泊」（＝住宅宿泊事業）については、運営にあたり住宅宿泊管理業者、住宅仲介管理業者等との契約や、サブリースを利用して民泊をする場合の契約についても詳解。

　法律や不動産に詳しい弁護士が、民泊を開始するにあたって必要な法知識を凝縮した1冊。

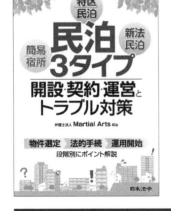

序章　総　論
第1章　簡易宿所営業
第2章　特区民泊
第3章　住宅宿泊事業
第4章　住宅宿泊事業と契約
第5章　民泊に伴うトラブル

お求めは、お近くの大型書店またはWeb書店、もしくは弊社通信販売係（TEL 03-6858-6966　FAX 03-3862-5045　e-mail book.order@horei.co.jp）へ。

弁護士法人 Martial Arts の本

# 相続対策イノベーション！
# 家族信託に強い弁護士になる本

A5判　480頁　　　　定価（本体3,000円＋税）

　相続にまつわる専門業務において、弁護士は、相続トラブルが発生した場合のみ依頼される立場であり、相続トラブル予防に携わる機会は少ないのが現状である。しかし、近年注目が集まっている「家族信託」を活用することで、予防から紛争解決まで、相続にまつわる業務の幅を劇的に拡大することが可能となる。
　具体的な顧客のニーズ、相続対策スキーム、契約書式の例、弁護士が最低限知っておくべき税務、裁判例が少ない故の法的リスクまで、弁護士にとって有用な知識とノウハウをまとめた1冊。

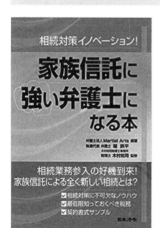

第1章　総　論
第2章　凍結防止効果
第3章　トラブル防止効果
第4章　相続円滑化効果
第5章　意思尊重効果
第6章　節税効果
第7章　終　論

お求めは、お近くの大型書店またはWeb書店、もしくは弊社通信販売係（TEL 03-6858-6966　FAX 03-3862-5045　e-mail book.order@horei.co.jp）へ。